高速公路应急预案体系与编制方法

编著 李 平 付立家 毛渝茸 杨 梣

重庆大学出版社

内容提要

本书共7章，主要内容包括：应急预案概述，应急预案相关基础理论（包括应急管理、应急救援系统、应急实施能力），应急预案编制方法与技术（包括应急预案编制、评审、发布、评估、管理和修订等全过程的方法与技术），高速公路应急预案编制实务，高速公路应急预案的衔接内容与措施，高速公路应急预案编制示例，以及应急预案实例点评。

本书适合交通运输部门、交通管理部门和有关生产经营单位的工程技术人员和管理人员阅读和参考，也可作为相关院校的教学参考资料。

图书在版编目(CIP)数据

高速公路应急预案体系与编制方法 / 李平等编著
. —重庆 ：重庆大学出版社，2020.11
ISBN 978-7-5689-1825-1

Ⅰ.①高… Ⅱ.①李… Ⅲ.①高速公路—交通运输管理—突发事件—应急对策 Ⅳ.①U491.31

中国版本图书馆CIP数据核字(2020)第214817号

高速公路应急预案体系与编制方法

编著 李 平 付立家 毛渝茸 杨 桪
责任编辑：刘颖果 版式设计：刘颖果
责任校对：万清菊 责任印制：赵 晟

*

重庆大学出版社出版发行
出版人：饶帮华
社址：重庆市沙坪坝区大学城西路21号
邮编：401331
电话：(023) 88617190 88617185(中小学)
传真：(023) 88617186 88617166
网址：http://www.cqup.com.cn
邮箱：fxk@cqup.com.cn (营销中心)
全国新华书店经销
重庆荟文印务有限公司印刷

*

开本：787mm×1092mm 1/16 印张：10.25 字数：226千
2020年11月第1版 2020年11月第1次印刷
ISBN 978-7-5689-1825-1 定价：68.00元

前　言

FOREWORD

我国高速公路建设取得了惊人成绩，规模持续扩大，路网逐步完善，高速公路科学管理、安全运营问题日益受到交通行业的重视。高速公路综合管理的一个重要领域就是应急管理，由于突发事件本身具有的未知性，建立完善的高速公路应急体系，制定完整的高速公路应急预案就显得极其重要。通过建立健全高速公路突发事件应急处置机制，发生高速公路突发事件时，能快速反应，全力抢救，妥善处理，最大限度减少人民群众生命和财产损失，保障公众安全，维护社会稳定，为广大人民群众提供安全、舒适、通畅、迅捷的交通环境。这也是编著本书的基本出发点。

目前，我国对应急救援预案的编制、备案、管理、培训、演练各个环节都有专门的规定及要求，为指导各级交通主管部门编制相关预案和开展应急保障工作，我国颁布了一系列应急管理法律法规、国家标准及行业标准。本书参阅国内外应急管理理论和应急救援预案编制方法，依据国家法规、标准，吸收事故应急救援方面的科研成果，构建了高速公路应急预案编制的思路和方法体系：从基础理论到应急实践，从常规事故应急到特殊事故处置，从综合应急预案到专项应急预案、现场处置方案等。

本书共 7 章，第 1 章主要讲述应急预案的相关概念、目的及意义、法律法规要求、分类、基本结构和核心要素等，对应急预案的基础知识和体系设计作了概括性介绍；第 2 章主要阐述应急预案的技术基础，包括应急管理、应急救援系统、应急实施能力；第 3 章论述了应急预案编制的方法与技术，包括应急预案编制、评审、发布、评估、管理和修订等全过程的方法与技术；第 4 章论述了高速公路应急预案编制实务，在阐述高速公路风险评估和应急资源调查的基础上，分别论述了综合应急预案编制实务、专项应急预案编制实务和现场处置方案编制实务；第 5 章针对高速公路应急预案衔接的有关问题，阐述了应急预案衔接的主要内容和措施；第 6 章给出了高速公路综合应急预案、专项应急预案和现场处置方案的编制示例；第 7 章通过点评一篇应急预案实例来说明编制应急预案需要注意的一些细节问题。除此之外，本书附录还列出了我国高速公路应急预案编制常用的法律法规和相关文件。

要使高速公路应急预案达到科学性、有效性、实用性的效果和目标，其编制过程应是动态的和发展的。因此，希望读者能用发展和创新的观点参阅本书。同时，真诚感谢本书所列参考文献的所有作者，他们坚实而卓有成效的工作为本书的完成奠定了基础，并提供了重要的资料来源。

本书适合交通运输部门、交通管理部门和有关生产经营单位的工程技术人员和管理人员阅读和参考，也可作为有关院校的教学参考资料。

由于编写人员理论功底和水平有限，书中难免存在不妥之处，敬请读者给予批评指正。

编　者

2020 年 7 月

目　录

CONTENTS

第 1 章　应急预案概述

《左传》有言："居安思危，思则有备，有备无患。"应对突发事件，必须预先作出具体安排，制定突发事件应急预案，贯彻落实"安全第一、预防为主、综合治理"的方针，提高应对风险和突发事件的能力，保证公民的生命安全，最大限度地减少财产损失、环境损害和社会影响。

1.1　应急预案的相关概念

1.1.1　事故

事故是造成死亡、职业病、伤害、财产损失或其他损失的意外事件。在事故的种种定义中，伯克霍夫（Birckhoff）的定义比较著名。伯克霍夫认为，事故是个人或集体在为实现某种意图或目的而采取行动的过程中，突然发生了与人的意志相反的情况，迫使人们的行动暂时或永久停止的事件。

事故的含义包括：

①事故是一种发生在人类生产、生活活动中的特殊事件，人类的任何生产、生活活动过程中都可能发生事故。

②事故是一种突然发生的、出乎人们意料的意外事件。由于导致事故发生的原因非常复杂，往往包括许多偶然因素，因而事故的发生具有随机性。在事故发生之前，人们无法准确预测什么时候、什么地方、发生什么样的事故。

③事故是一种迫使进行着的生产、生活活动暂时或永久停止的事件。事故中断、终止人们正常活动的进行，必然给人们的生产、生活带来某种形式的影响。因此，事故是一种违背人们意志的事件，是人们不希望发生的事件。

事故是一种动态事件，它开始于危险的激化，并以一系列原因事件按一定的逻辑顺序流经系统而造成损失，即事故是指造成人员伤害、死亡、职业病或设备设施等财产损失和其他损失的意外事件。它的发生可能导致生产、科研活动的暂停或造成财产损失或人身伤亡，形成某种程度的灾害，因此，事故与灾害往往连在一起，所以事故也称事故灾害。

根据生产安全事故（以下简称"事故"）造成的人员伤亡或者直接经济损失，事故一般分为以下等级：

①特别重大事故，是指造成 30 人以上死亡，或者 100 人以上重伤（包

括急性工业中毒,下同),或者1亿元以上直接经济损失的事故;

②重大事故,是指造成10人以上30人以下死亡,或者50人以上100人以下重伤,或者5 000万元以上1亿元以下直接经济损失的事故;

③较大事故,是指造成3人以上10人以下死亡,或者10人以上50人以下重伤,或者1 000万元以上5 000万元以下直接经济损失的事故;

④一般事故,是指造成3人以下死亡,或者10人以下重伤,或者1 000万元以下直接经济损失的事故。

国务院安全生产监督管理部门可以会同国务院有关部门,制定事故等级划分的补充性规定。

1.1.2 应急救援

应急救援是为预防、控制和消除事故与灾害对人类生命和财产危害所采取的反应行动。其主要目标是控制紧急事件的发生与发展并尽可能地消除事故,将事故对人、财产和环境的损失降低到最低限度。

工业化国家的统计表明,有效的应急救援系统可将事故损失降低到无应急救援系统的6%。应急救援要做到迅速、准确及有效。

重大事故应急救援是国际社会极其关注的一项社会性减灾防灾工作,既涉及科学和技术领域,也涉及计划、管理等部门。建立重大事故应急救援预案和应急救援体系是一项复杂的安全系统工程。

应急救援的基本任务包括:

①立即组织营救受害人员,组织撤离或者采取其他措施保护危险、危害区域的其他人员;

②迅速控制事态,并对事故造成的危险、危害进行监测、检测,测定事故的危害区域、危害性质及危害程度;

③消除危害后果,做好现场恢复工作;

④查清事故原因,评估危害程度。

1.1.3 应急预案

应急预案即预先制定的行动方案,指的是根据国家、地方的法律、法规和各项规章制度,综合本单位、本部门的历史经验、实践积累和当地特殊的地域、政治、民族、民俗等实际情况,针对各种突发事件类型而事先制定的一套能切实迅速、有效、有序解决问题的行动计划或方案,旨在使得政府应急管理更为程序化、制度化,做到有法可依、有据可查。它是在辨识和评估潜在的重大危险、事故类型、发生的可能性、发生过程、事故后果及影响严重程度的基础上,对应急管理机构的职责、人员、技术、装备、设施(备)、物资、救援行动及其指挥与协调等方面预先作出的具体安排。它明确了在突发事件发生前、发生过程中以及结束后,谁或哪个机构负责做什么,何时做,如何做,以及相应的策略和资源准备等。一般来说,一个完善的应急预案体系应包括应急预案制定管理、应急预案评审管理、基于应急预案的辅助决策技术等,同时应急预案的制定应具有可行性、及时性和全面性等特点。

根据国际劳工组织批准公布的《重大工业事故预防实用规程》，应急预案的定义为：

①基于在某一设施处发现的潜在事故及其可能造成的影响所形成的一个正式书面计划，该计划描述了在现场和场外如何处理事故及其影响；

②重大危险设施的应急计划包括对紧急事件的处理；

③应急计划包括现场计划和场外计划两个重要的组成部分；

④企业管理部门应确保遵守符合国家法律规定的标准要求，不应把应急计划作为在设施内维持良好标准的替代措施。

应急预案是应急管理的文本体现，是应急管理工作的指导性文件，其总目标是控制紧急事件的发展并尽可能消除事故，将事故对人、财产和环境的损失降低到最低限度。

应急预案实际上是一个透明和标准化的反应程序，它能使应急救援活动按照预先周密的计划和最有效的实施步骤有条不紊地进行。这些计划和步骤是快速响应和有效救援的基本保证。应急预案应有系统完整的设计、标准化的文本文件、行之有效的操作程序和持续改进的运行机制。

1.1.4 隐患

隐患是指在某个条件、事物以及事件中存在的不稳定的并且可能影响个人或者他人安全利益的因素，是任何能直接或间接导致伤害或疾病、财产损失、工作场所环境破坏或其组合的对工作标准、实务、程序、法规、管理体系绩效等的偏离。

当隐患暴露在人类的生产活动中时就成为风险，隐患与风险是一对既有区别又有联系的概念。以下举例说明：

在某山顶上有一块摇摇欲坠的巨石，这是一个隐患，是客观存在的不安全状态，但它不是风险，因为周围没有人员从事生产活动，即它没有暴露在人的生产活动中，即使它从山上坠落下来，也不会对人员和设备造成任何伤害和损坏。而当一组地质勘探人员在它周围从事地质勘探作业时，巨石就成为风险，因为它可能会伤害这些地质勘探人员。

1.1.5 危险与风险

危险是指某一系统、产品、设备或操作内部和外部的一种潜在的状态，其发生可能造成人员伤害、职业病、财产损失、作业环境破坏等状态。危险的特征在于其危险可能性的大小与安全条件和概率有关。危险概率是指危险发生（转变）事故的可能性，即频度或单位时间危险发生的次数。危险的严重度或伤害、损失或危害的程度是指每次危险发生导致的伤害程度或损失大小。

危险是风险的前提，没有危险就无所谓风险。风险由两部分组成：一是危险事件出现的概率；二是危险一旦出现，其后果的严重程度和损失的大小。如果将这两部分的量化指标综合，就是风险的表征，称为风险。

严格来讲，风险与危险是两个不同的概念。危险是客观存在、无法改变的，而风险在很大程度上随着人们的意志而改变，亦即按照人们的意志可以改变风险出现或事故发生的概率，以及一旦出现危险，由于改进防范措施从而改变损失的程度。危险只是意味着一种现在的或潜在的不希望事件状态，危险出现时会引起不幸事故。而风险用于描述未来的随机事件，它不仅意味着不希望事件状态的存在，更意味着不希望事件转化为事故的渠道和可能性。因此，有时虽然有危险存在，但并不一定要冒此风险。

1.2 编制应急预案的目的及意义

加强应急管理工作，提高应对突发事件的能力，是新时期安全生产管理的需要。安全生产是企业生存的前提和条件，避免生产安全事故的发生是现代企业追求的目标。但是，由于安全生产工作的基础比较薄弱，从业人员的安全意识普遍不高，生产安全事故时有发生。一旦发生事故，作出应急响应，消减事故带来的人员伤亡和财产损失，是企业必须具备的能力。

安全生产工作要坚持"安全第一、预防为主"的方针，努力采取措施，设法避免事故的发生，防患未然。但是，由于多方面原因，不可能百分之百地避免事故的发生。目前，安全科学技术也没有发展到能有效预测和预防所有事故的程度，因此事故的应急救援是必不可少的。事故的应急救援是近年来安全科学技术学科的重要组成部分，其主要目标是控制紧急事件的发生与发展并尽可能地消除事故，将事故对人、财产和环境的损失降低到最低限度。事故应急预案的编制和实施是落实我国安全生产方针的重大举措。应急救援预案对于应急事件的应急管理工作具有重要的指导意义，它有利于实现应急行动的快速、有序和高效，以充分体现应急救援的"应急"精神。

1.2.1 编制应急预案的目的

编制应急预案的目的是在发生事故时，能以最快的速度发挥最大的效能，有序实施救援，尽快控制事态的发展，降低事故造成的危害，使任何可能引起的紧急情况不扩大，并尽可能地排除，以减少紧急事件对人、财产和环境所产生的不利影响或危害。

1.2.2 编制应急预案的意义

编制应急预案是贯彻国家安全法律法规的要求，是减少事故中人员伤亡和财产损失的需要，是事故预防和救援的需要，更是实现本质安全型管理的需要。

编制应急预案是应急救援准备工作的核心内容，是及时、有序、有效地开展应急救援工作的重要保障。应急预案在应急救援中的重要作用具体体现在以下 4 个方面：

①应急预案确定了应急救援的范围和体系，使应急准备和应急管理不再无据可依、无章可循。尤其是培训和演练，必须依赖应急预案。其中，培训可以让应急人员熟悉自己的责任，具备完成指定任务所需的相应技能；演练可以检验预案和行动程序，并评估应急人员的技能和整体协调性。

②编制应急预案有利于作出及时的应急响应，减小事故后果。应急行动对时间要

求十分敏感，不允许有任何拖延。应急预案预先明确了应急各方的职责和响应程序，在应急力量和应急资源等方面做了大量准备，可以指导应急救援迅速、高效、有序地开展，将事故的人员伤亡、财产损失和环境破坏降到最低限度。此外，如果事先制定了应急预案，则对事故发生后必须迅速解决的一些应急恢复问题，也会解决得比较全面和到位。

③发生事故时，应急预案便于各单位、部门之间的协调，保证应急救援工作的顺利、快速和高效实施。

④编制应急预案有利于提高政府、企业、工作场所的风险防范意识。应急预案的编制过程实际上包含一个风险辨识、风险评价和风险控制的过程，而且这个过程需要各方的参与。因此，应急预案的编制、评审以及发布和宣传，有利于各方了解可能面临的风险以及相应的应急措施，提高风险防范意识和能力。

1.3 应急预案的法律法规要求

1.3.1 建立应急预案的法律依据

《中华人民共和国安全生产法》第十八条规定：生产经营单位的主要负责人具有组织制定并实施本单位的生产安全事故应急救援预案的职责。

第三十七条规定：生产经营单位对重大危险源应当登记建档，进行定期检测、评估、监控，并制定应急预案，告知从业人员和相关人员在紧急情况下应当采取的应急措施。

第七十七条规定："县级以上地方各级人民政府应当组织有关部门制定本行政区域内生产安全事故应急救援预案，建立应急救援体系。"

《国务院关于特大安全事故行政责任追究的规定》要求："市（地、州）、县（市、区）人民政府必须制定本地区特大安全事故应急处理预案。本地区特大安全事故应急处理预案经政府主要领导人签署后，报上一级人民政府备案。"

1.3.2 应急预案实施的法律规定

《中华人民共和国安全生产法》第四十一条规定："生产经营单位应当教育和督促从业人员严格执行本单位的安全生产规章制度和安全操作规程；并向从业人员如实告知作业场所和工作岗位存在的危险因素、防范措施以及事故应急措施。"

第五十条规定："生产经营单位的从业人员有权了解其作业场所和工作岗位存在的危险因素、防范措施及事故应急措施，有权对本单位的安全生产工作提出建议。"

第五十五条规定："从业人员应当接受安全生产教育和培训，掌握本职工作所需的安全生产知识，提高安全生产技能，增强事故预防和应急处理能力。"

《安全生产许可证条例》第六条规定，企业取得安全生产许可证，应当具备下列安全生产条件：

①建立、健全安全生产责任制，制定完备的安全生产规章制度和操作规程；

②安全投入符合安全生产要求；

③设置安全生产管理机构，配备专职安全生产管理人员；

④主要负责人和安全生产管理人员经考核合格；

⑤特种作业人员经有关业务主管部门考核合格，取得特种作业操作资格证书；

⑥从业人员经安全生产教育和培训合格；

⑦依法参加工伤保险，为从业人员缴纳保险费；

⑧厂房、作业场所和安全设施、设备、工艺符合有关安全生产法律、法规、标准和规程的要求；

⑨有职业危害防治措施，并为从业人员配备符合国家标准或者行业标准的劳动防护用品；

⑩依法进行安全评价；

⑪有重大危险源检测、评估、监控措施和应急预案；

⑫有生产安全事故应急救援预案、应急救援组织或者应急救援人员，配备必要的应急救援器材、设备；

⑬法律、法规规定的其他条件。

《建设工程安全生产管理条例》第四十九条规定："施工单位应当根据建设工程施工的特点、范围，对施工现场易发生重大事故的部位、环节进行监控，制定施工现场生产安全事故应急救援预案。实行施工总承包的，由总承包单位统一组织编制建设工程生产安全事故应急救援预案，工程总承包单位和分包单位按照应急救援预案，各自建立应急救援组织或者配备应急救援人员，配备救援器材、设备，并定期组织演练。"

1.3.3 未建立应急预案或者应急预案得不到实施的法律责任

《中华人民共和国安全生产法》第九十一条规定："生产经营单位的主要负责人未履行本法规定的安全生产管理职责的，责令限期改正；逾期未改正的，处二万元以上五万元以下的罚款，责令生产经营单位停产停业整顿。生产经营单位的主要负责人有前款违法行为，导致发生生产安全事故的，给予撤职处分；构成犯罪的，依照刑法有关规定追究刑事责任。生产经营单位的主要负责人依照前款规定受刑事处罚或者撤职处分的，自刑罚执行完毕或者受处分之日起，五年内不得担任任何生产经营单位的主要负责人；对重大、特别重大生产安全事故负有责任的，终身不得担任本行业生产经营单位的主要负责人。"

第九十二条规定："生产经营单位的主要负责人未履行本法规定的安全生产管理职责，导致发生生产安全事故的，由安全生产监督管理部门依照下列规定处以罚款：(一)发生一般事故的，处上一年年收入百分之三十的罚款；(二)发生较大事故的，处上一年年收入百分之四十的罚款；(三)发生重大事故的，处上一年年收入百分之六十的罚款；(四)发生特别重大事故的，处上一年年收入百分之八十的罚款。"

第九十三条规定："生产经营单位的安全生产管理人员未履行本法规定的安全生

产管理职责的，责令限期改正；导致发生生产安全事故的，暂停或者撤销其与安全生产有关的资格；构成犯罪的，依照刑法有关规定追究刑事责任。”

第九十四条规定：“生产经营单位有下列行为之一的，责令限期改正，可以处五万元以下的罚款；逾期未改正的，责令停产停业整顿，并处五万元以上十万元以下的罚款，对其直接负责的主管人员和其他直接责任人员处一万元以上二万元以下的罚款：（一）未按照规定设置安全生产管理机构或者配备安全生产管理人员的；（二）危险物品的生产、经营、储存单位以及矿山、金属冶炼、建筑施工、道路运输单位的主要负责人和安全生产管理人员未按照规定经考核合格的；（三）未按照规定对从业人员、被派遣劳动者、实习学生进行安全生产教育和培训，或者未按照规定如实告知有关的安全生产事项的；（四）未如实记录安全生产教育和培训情况的；（五）未将事故隐患排查治理情况如实记录或者未向从业人员通报的；（六）未按照规定制定生产安全事故应急救援预案或者未定期组织演练的；（七）特种作业人员未按照规定经专门的安全作业培训并取得相应资格，上岗作业的。”

1.4 应急预案的分类

应急预案从不同角度，根据不同标准，有多种分类方法，如按应急级别，可分为国家级、省级、市级、区（县）和企业应急预案；按时间特征，可分为常备预案和临时预案；按突发公共事件类型，可分为自然灾害类、事故灾难类、公共卫生类和社会安全事件类应急预案；按预案的功能与目标，可分为综合应急预案、专项应急预案和现场处置方案等。

1.4.1 按突发公共事件类型分类

应急预案按突发公共事件类型的不同，可分为自然灾害类应急预案、事故灾难类应急预案、公共卫生类应急预案和社会安全事件类应急预案，如图 1.1 所示。

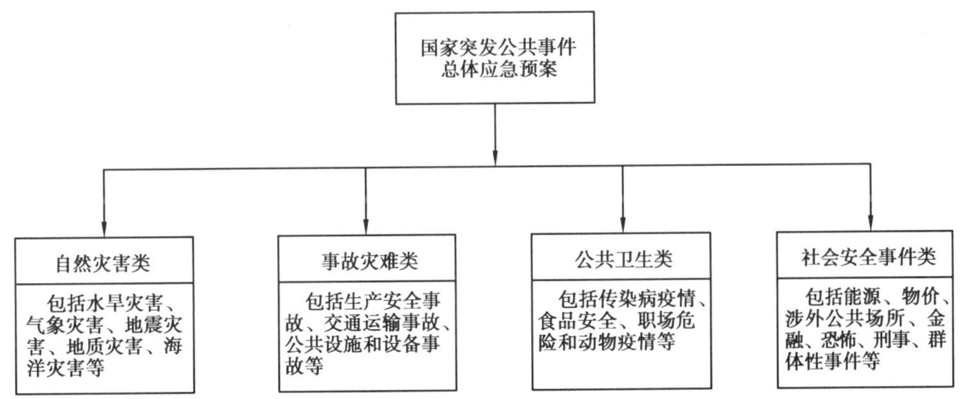

图 1.1 应急预案按突发公共事件类型分类

1.4.2 按预案的功能与目标分类

1)综合应急预案

综合应急预案是从总体上阐述处理事故的应急方针、政策,应急组织机构及相关应急职责,应急行动、措施和保障等基本要求和程序,是应对各类事故的综合性文件。综合应急预案应全面考虑管理者和应急者的责任和义务,并说明紧急事件应急救援体系中预防、准备、应急和恢复等过程的关联。通过综合应急预案可以清晰地了解应急体系及文件体系,特别是政府综合应急预案,可作为应急救援工作的基础,对那些没有预料的突发事件也能起到一般的应急指导作用。

综合应急预案也称总体预案,随着《生产经营单位生产安全事故应急预案编制导则》(GB/T 29639—2020)等标准的颁布实施,综合应急预案已成为一个标准称谓。

2)专项应急预案

专项应急预案是针对具体的事故类别、危险源和应急保障而制定的计划或方案,是综合应急预案的组成部分,应按照综合应急预案的程序和要求组织制定,并作为综合应急预案的附件。专项应急预案应制定明确的救援程序和具体的应急救援措施。专项应急预案是在综合应急预案的基础上充分考虑某特定危险的特点,对应急形势、组织机构、应急活动等进行更具体的阐述,具有较强的针对性,但需要做好协调工作。对于有多重危险的灾害来说,专项应急预案可能引起混乱,且在培训上需要更多费用。

3)现场处置方案

现场处置方案是针对具体的装置、场所或设施、岗位制定的应急处置措施。它是在专项应急预案的基础上,根据具体情况的需要而编制的,是针对特定的具体场所,通常是该类事故风险较大的场所或重要防护区域所制定的预案。现场处置方案是一系列简单行动的过程,针对某一具体现场的该类特殊危险及周边环境情况,在详细分析的基础上对应急救援中的各个方面作出的具体而细致的安排,具有更强的针对性和对现场救援活动的指导性。但现场处置方案不涉及准备及恢复活动,一些应急行动计划不能指出特殊装置的特性及其他可能的危险,需要通过补充内容来加以完善。现场处置方案应具体、简单、针对性强。现场处置方案应根据风险评估及危险性控制措施逐一编制,做到事故相关人员应知应会,熟练掌握,并通过应急演练,做到迅速反应、正确处置。

综合应急预案与专项应急预案和现场处置方案不同,综合应急预案侧重于各项职责的规定和应急救援活动的组织协调,它为制定专项应急预案和现场处置方案提供了框架和指导。一般规模比较大、存在多种不同类型的危险源的企业,比较适于编制这类预案。规模小、危险因素少的生产经营单位,综合应急预案、专项应急预案以及现场处置方案可以合并编写。所有存在潜在事故的生产经营单位都应编制综合应急预案,但不一定编制专项应急预案和现场处置方案。

1.4.3 按应急级别分类

根据可能发生的突发事件的后果的影响范围、地点及应急方式,应急预案可分为

5 级。

1) Ⅰ级(企业级)应急预案

这类应急预案针对的突发事件的影响局限在一个单位(如某个工厂、火车站、仓库、农场等)内,并且可被现场的操作者遏制和控制在该区域内。这类突发事件可能需要投入整个单位的力量来控制,但其影响预期不会扩大到社会(公共区)。

2) Ⅱ级(县、市、社区级)应急预案

这类应急预案针对的突发事件的影响可扩大到公共区(社区),可被该县(市、区)或社区的力量,以及所涉及的工厂或工业部门的力量控制。

3) Ⅲ级(地区/市级)应急预案

这类应急预案针对的突发事件的影响范围大,后果严重,或是针对发生在两个县或县级市管辖区边界上的突发事件。应急救援需动用地区、市级的力量。

4) Ⅳ级(省级)应急预案

对可能发生的重特大突发事件、特大危险品运输突发事件以及属省级风险隐患、重大危险源,应当编制省级应急预案。它可能是一种规模极大的突发事件,或者可能是一种需要用突发事件发生的城市或地区所没有的特殊技术和设备进行处置的特殊突发事件。这类特殊突发事件需动用全省范围内的力量来控制。

5) Ⅴ级(国家级)应急预案

对突发事件的后果超过省、自治区、直辖市边界的以及属于国家级突发事件隐患、重大危险源的设施或场所,应当制定国家级应急预案。

上述 5 项实际上可归结为政府预案和企业预案(或单位预案)两大类。

1.4.4 按应急预案的对象分类

按不同对象,应急预案可分为应急行动指南、应急响应预案、互助应急预案、应急管理预案 4 种类型。

1) 应急行动指南

应急行动指南是针对已辨识的危险采取特定的应急行动,简要描述应急行动必须遵循的基本程序,如事发后向谁报告,报告什么信息,采取哪些应急措施等。这种应急预案主要起提示作用,需对相关人员进行培训,有时将这种应急预案作为其他类型应急预案的补充。

2) 应急响应预案

应急响应预案是针对现场每项设施和场所可能发生的事故情况编制的应急响应预案,如化学品泄漏事故的应急响应预案、台风应急响应预案等。应急响应预案需包括所有可能性的危险状况,不包括事前要求(如培训、演练等)和事后措施。

3) 互助应急预案

互助应急预案是相邻部门(单位)为在事故应急处理中共享资源、相互帮助而制定的应急预案。互助应急预案是综合性的事故应急预案,这类应急预案应详细描述事发前、事发过程中和事发后什么人做什么事、什么时候做、如何做等。这类应急预案应明确完成每一项职责的具体实施程序。

4)应急管理预案

应急管理预案包括突发事件应对的4个逻辑步骤,即预防、预备、响应及恢复。县级以上的政府机构、具有重大危险源的企业,除单项事故应急预案外,应当制定重大事故应急管理预案。

1.5 应急预案的基本结构

不同的预案由于各自所处的层次和适用的范围不同,其内容在详略程度和侧重点上也会有所不同,但都可以采用相似的基本结构。本书采用基于应急任务或功能的"1+4"应急预案编制结构(图1.2),即一个基本应急预案加上应急功能设置、特殊风险预案、标准操作程序和支持附件,以保证各种类型预案之间的协调性和一致性。

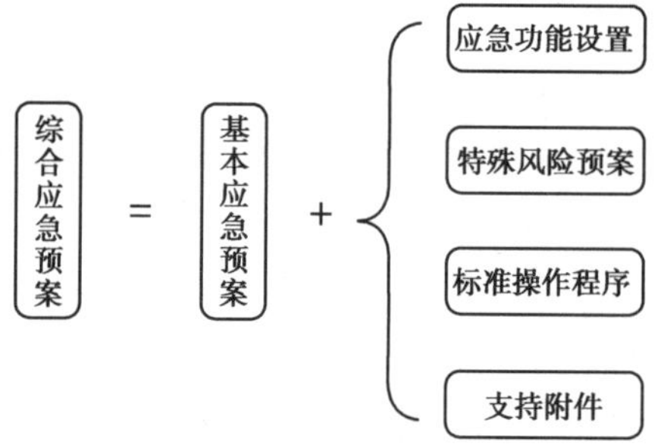

图1.2 应急预案的编制结构

1)基本应急预案

基本应急预案是对应急预案的总体描述。它主要阐述应急预案所要解决的紧急情况,应急的组织体系、方针,应急资源,应急的总体思路,并明确各应急组织在应急准备和应急行动中的职责,以及应急预案的演练和管理等规定。

2)应急功能设置

应急功能是对在各类重大事故应急救援中通常都要采取的一系列基本的应急行动和任务编写的计划,如指挥和控制、警报、通信、人群疏散、人群安置、医疗等。它着眼于城市对突发事故响应时所要实施的紧急任务。由于应急功能是围绕应急行动的,因此它们的主要对象是那些任务执行机构。针对每一种应急功能,应明确其针对的形势、目标、负责机构和支持机构、任务要求、应急准备和操作程序等。应急预案中包含的功能设置的数量和类型因地方差异会有所不同,主要取决于所针对的潜在重大事故危险类型,以及城市的应急组织方式和运行机制等具体情况。

尽管各类重大事故的起因各异,但其后果和影响却大同小异。例如,地震、洪灾和飓风等都可能迫使人群离开家园,都需要实施"人群安置与救济",围绕这一任务或功能,可以基于城市共同的资源,在综合应急预案的基础上制订共性的计划,而在专项应急预案中针对每种具体的不同类型灾害,可根据其爆发速度、持续时间、袭击范围和强度等特点,仅对该项计划进行微调。同样,对其他应急任务也是相似的情况。关键是要找出和明确应急救援过程中所要完成的各种应急任务或功能，并明确其有关的应急组织，确保都能完成所承担的应急任务。为直观描述应急功能与相关应急机构的关系，可采用应急功能矩阵表，见表 1.1。

表 1.1　应急功能矩阵表(示例)

应急功能	应急机构						
	消防部门	公安部门	医疗部门	应急中心	新闻办	广播电视	…
警报	S	S		R		S	
疏散	S	R	S	S		S	
消防与抢险	R	S		S			
⋮							

注:R——负责机构;S——支持机构。

3)特殊风险预案

特殊风险是指城市根据各类事故灾难、灾害的特征，需要对其应急功能作出针对性安排的风险。城市应急管理部门应考虑当地地理、社会环境和经济发展等因素的影响，根据其可能面临的潜在风险类型，说明处置此类风险应设置的专有应急功能或有关应急功能所需的特殊要求。

特殊风险预案是在城市潜在重大事故风险辨识、评价和分析的基础上，针对每一种类型可能的重大事故风险，明确其相应的主要负责部门、有关支持部门及其相应的职责，并为该类专项应急预案的制定提出特殊要求和指导。

4)标准操作程序

由于在应急预案中没有给出各个任务的实施细节，各应急部门必须制定相应的标准操作程序，以便为组织或个人履行应急预案规定的职责和任务提供详细指导。标准操作程序应保证与应急预案协调和一致，其中重要的标准操作程序可附在应急预案后或以适当的方式引用。

5)支持附件

支持附件主要包括与应急救援有关的支持保障系统的描述及有关的附图表，如危险分析附件，通信联络附件，法律法规附件，机构和应急资源附件，教育、培训、训练和演练附件，技术支持附件，协议附件，其他支持附件等。

1.6　应急预案的核心要素

应急预案是整个应急管理工作的具体反映，它的内容不仅局限于事故发生过程中的应急响应和救援措施，还应包括事故发生前的各种应急准备和事故发生后的紧急恢复以及应急预案的管理与更新等。因此，完整的应急预案按相应的过程可分为 6 个一级关键要素。这 6 个一级关键要素之间既有一定的独立性，又紧密联系，从应急的方针与原则、策划、准备、响应、恢复到预案的管理与评审改进，形成了一个有机联系并持续改进的应急管理体系。根据一级关键要素所包括的任务和功能，应急策划、应急准备和应急响应3个一级关键要素可进一步划分成若干个二级要素。所有这些要素构成了重大事故应急预案的核心要素。这些要素是城市重大事故应急预案编制应当涉及的基本方面，在实际编制时，为便于应急预案内容的组织，可根据实际情况将要素进行合并、增加或重新排列。

1）方针与原则

无论是何级或何类型的应急救援体系，首先必须有明确的方针和原则来作为开展应急救援工作的纲领。方针与原则反映了城市应急救援工作的优先方向、政策、范围和总体目标，应急的策划和准备、应急策略的制定、现场应急救援及恢复等都应当围绕方针和原则开展。

2）应急策划

应急预案最重要的是要有针对性和可操作性。因此，应急策划必须明确应急预案的对象和可用的应急资源情况，即在全面系统认识和评价所针对的潜在事故类型的基础上，识别出重要的潜在事故、性质、区域分布及事故后果；同时，根据危险分析的结果，分析城市应急救援力量和可用资源情况，为所需的应急资源准备提供建设性意见。在进行应急策划时，应当列出国家、地方相关的法律法规，作为制定应急预案和应急工作授权的依据。因此，应急策划包括危险分析、资源分析及法律法规要求3个二级要素。

（1）危险分析

危险分析的最终目的是明确应急的对象（即存在哪些可能的重大事故）、事故的性质及其影响范围、事故后果的严重程度等，为应急准备、应急响应和减灾措施提供决策和指导。危险分析包括危险识别、脆弱性分析和风险分析。危险分析应依据国家和地方有关的法律法规要求，结合城市的具体情况进行。危险分析的结果应能提供：

①地理、人文（包括人口分布）、地质、气象等信息；

②城市功能布局（包括重要保护目标）及交通情况；

③重大危险源分布情况，以及主要危险物质种类、数量及理化性质、消防等特性；

④可能的重大事故种类及后果影响分析；

⑤特定的时段（如人群高峰时间、度假季节、大型活动）；

⑥可能影响应急救援的不利因素。

（2）资源分析

针对危险分析所确定的主要危险，明确应急救援所需的各种资源，分析已有的应急资源和能力，包括应急力量和应急设备（施）及物资中存在的不足，为应急队伍的建设、应急资源的规划与配备、与相邻地区签订互助协议和应急预案编制提供指导。

（3）法律法规要求

应急救援有关法律法规是开展应急救援工作的重要前提保障。应列出国家、省、地方所涉及的应急救援各部门的职责要求，以及应急预案、应急准备和应急救援有关的法律法规文件，作为应急预案编制和应急救援的依据。

3）应急准备

应急预案能否成功地在应急救援中发挥作用，不仅取决于应急预案自身的完善程度，还取决于应急准备的充分与否。应急准备应基于应急策划的结果，明确所需的应急组织及其职责、应急资源、应急队伍的建设和人员培训、预案的演练、公众的应急知识培训、签订互助协议等。

（1）机构与职责

为保证应急救援工作反应迅速、协调有序，必须建立完善的应急机构组织体系，包括城市应急管理的领导机构、应急响应中心以及相关机构等。对应急救援中承担任务的所有应急组织及有关单位应明确规定其相应的职责。

（2）应急资源

应急资源的准备是应急救援工作的重要保障，应根据潜在事故的性质和后果分析，合理组建专业和社会救援力量，配备应急救援所需的消防装备、各种救援机械和设备、监测仪器、堵漏和清消材料、交通工具、个体防护用品、医疗设备和药品、生活保障物资等，并定期检查、维护与更新，使其始终处于完好状态。

（3）应急人员培训

针对潜在事故的危险性质，应对所有应急人员，包括社会救助力量开展有针对性的专项培训（包括自身安全防护措施），保证应急人员具备相应的应急能力。

（4）预案演练

预案演练是对应急能力的综合检查，应组织由应急各方参加的多种形式的预案培训和演练，使应急人员进入“实战”状态，让他们熟悉各类应急处理和整个应急行动的程序，明确自身的职责，提高协同作战的能力，保证应急救援工作协调、有效、迅速地开展。同时，应对演练的结果进行评估，分析应急预案存在的不足，并予以改进和完善。

训练和演练将有助于：

①在事故发生前暴露应急预案和程序的缺陷；

②发现应急资源的不足（包括人力和设备等）；

③改善各应急部门、机构、人员之间的协调性；

④增强公众对突发重大事故救援的信心；

⑤提高应急人员的熟练程度和信心；

⑥明确各自的岗位与职责；

⑦加强各级应急预案之间的协调和衔接；

⑧提高整体应急反应能力。

（5）公众教育

公众的应急安全意识和能力是减少重大事故伤亡不可忽视的一个重要方面。作为应急准备的一项内容，平时就应注重对公众的日常教育，尤其是位于重大危险源周边的人群，使其了解潜在危险的性质和危害，掌握必要的自救知识，了解预先指定的主要及备用疏散路线和集合地点，了解各种警报的含义和应急救援工作的有关要求。

(6)互助协议

当城市或地区有关的应急力量与资源相对薄弱时，应事先寻求与邻近城市或地区建立正式的互助协议，并做好相应的安排，以便在应急救援中及时得到外部救援力量和资源的援助。此外，也应与社会专业技术服务机构、物资供应企业等签署相应的互助协议。

4)应急响应

应急响应包括应急救援过程中需要明确并实施的核心功能与任务，尽管核心功能具有一定的独立性，但不是孤立的，它们构成了应急响应的有机整体。应急响应的核心功能和任务包括接警与通知、指挥与控制、警报与紧急公告、通信、事态监测与评估、警戒与治安、人群疏散与安置、医疗与卫生、公共关系、应急人员安全、消防与抢险、泄漏物控制。

(1)接警与通知

准确了解事故的性质和规模等初始信息是决定是否启动应急救援的关键、接警作为应急响应的第一步，必须对接警要求作出明确规定，以保证接警人员能迅速、准确地向报警人员询问事故现场的重要信息。接警人员接受报警后，应按预先确定的通报程序，迅速向有关应急机构、政府及上级部门发出事故通知，以采取相应的行动。

(2)指挥与控制

城市重大事故的应急救援往往涉及多个救援机构，因此对应急行动的统一指挥和协调是有效开展应急救援的关键。建立统一的应急指挥、协调和决策程序，便于对事故进行初始评估，确认紧急状态，从而迅速有效地进行应急响应决策，建立现场工作区域，确定重点保护区域和应急行动的优先原则，指挥和协调现场各救援队伍开展救援行动，合理高效地调配和使用应急资源等。

(3)警报与紧急公告

当事故可能影响周边地区，并对周边地区的公众造成威胁时，应及时启动警报系统，向公众发出警报；同时，通过各种途径向公众发出紧急公告，告知事故的性质、对健康的影响、自我保护措施、注意事项等，以保证公众能够及时作出自我防护响应。决定实施疏散时，应通过紧急公告确保公众了解疏散的有关信息，如疏散时间、路线，随身携带物，交通工具及目的地等。

(4)通信

通信是应急指挥、协调和与外界联系的重要保障。在现场指挥部、应急中心、各应急救援组织、新闻媒体、医院、上级政府和外部救援机构之间必须建立完善的应急通信网络，在应急救援过程中应始终保持通信网络畅通，并设立备用通信系统。

(5)事态监测与评估

在应急救援过程中，必须对事故的发展势态及影响及时进行动态监测，建立对事故现场及场外的监测和评估程序。事态监测在应急救援中起着非常重要的决策支持作用，其结果不仅是控制事故现场，制定消防、抢险措施的重要决策依据，也是划分现场工作区域、保障现场应急人员安全、实施公众保护措施的重要依据。即使在现场恢复阶段，也应当对现场及其环境进行监测。

(6)警戒与治安

为保障现场应急救援工作的顺利开展，在事故现场周围设置警戒区域，实施交通管制，维护现场治安秩序是十分必要的。其目的是防止与救援无关的人员进入事故现场，保障救援队伍、物资运输和人群疏散等的交通畅通，并避免发生不必要的伤亡。

(7)人群疏散与安置

人群疏散是减少人员伤亡扩大的关键，也是最彻底的应急响应，应当对疏散的紧急情况和决策、预防性疏散准备、疏散区域、疏散距离、疏散路线、疏散运输工具、安全庇护场所以及回迁等作出细致的规定，应考虑疏散人群的数量、所需要的时间、风向等环境变化以及老弱病残等特殊人群的疏散问题。对已实施临时疏散的人群要做好临时生活安置工作，保障必要的水、电、卫生等基本条件。

(8)医疗与卫生

对受伤人员采取及时、有效的现场急救，合理转送医院进行治疗，是减少事故现场人员伤亡的关键。医疗人员必须了解城市内主要危险对人群造成伤害的类型，并经过相应的培训，掌握对危险化学品受伤害人员进行正确消毒和治疗的方法。

(9)公共关系

重大事故发生后，不可避免地会引起新闻媒体和公众的关注，应将有关事故的信息、影响、救援工作的进展情况等及时向媒体和公众公布，以消除公众的恐慌心理，避免公众的猜疑和不满；应保证事故和救援信息的统一发布，明确事故应急救援过程中对媒体和公众的发言人及信息批准、发布的程序，避免信息不一致；同时，还应处理好公众的有关咨询，接待和安抚受害者家属。

(10)应急人员安全

城市重大事故尤其是涉及危险物品的重大事故，其应急救援工作的危险性极大，必须周密考虑应急人员自身的安全问题，包括安全预防措施、个体防护用品、现场安全监测等，明确紧急撤离应急人员的条件和程序，保证应急人员的安全。

(11)消防与抢险

消防与抢险是应急救援工作的核心内容之一，其目的是尽快控制事故的发展，防止事故的蔓延和进一步扩大，从而最终控制住事故，并积极营救事故现场的受害人员。尤其是涉及危险物品的泄漏、火灾事故，其消防和抢险工作的难度和危险性十分大，应对消防和抢险的设施、器材和物资，人员的培训、行动方案以及现场指挥等做好周密的安排和准备。

(12)泄漏物控制

危险物品的泄漏以及溶解了有毒蒸汽的灭火用水，都可能对环境造成重大影响，同时也会给现场救援工作带来更大的危害。因此，必须对危险物品的泄漏物进行控制，包括对泄漏物的围堵、收容和清消，并进行妥善处置。

5)现场恢复

现场恢复是在事故被控制之后所进行的短期恢复，从应急过程来说意味着应急救援工作的结束,进入另一个工作阶段,即将现场恢复到一个基本稳定的状态。大量的经验教训表明,在现场恢复的过程中往往仍存在着潜在的危险,如余烬复燃、受损建筑倒塌等,因此,应充分考虑现场恢复过程中的危险,制定现场恢复程序,防止事故的再次发生。

6)预案管理与评审改进

应急预案是应急救援工作的指导文件。应当对应急预案的制定、修改、更新、批准和发布作出明确的管理规定,并保证定期或在应急演练、应急救援后对应急预案进行评审,针对实际情况的变化以及应急预案中暴露出的缺陷,不断地更新、完善和改进应急预案文件体系。

第2章　应急预案相关基础理论

2.1　应急管理

2.1.1　应急管理的概念

应急一般是指针对突发、具有破坏力的事件采取的预防、响应和恢复的活动与计划。应急工作的主要目标是:对突发事故灾害作出预警;控制事故灾害发生与扩大;开展有效救援,减少损失,迅速组织恢复正常状态。

应急管理是对事故的全过程管理,尽管事故的发生往往具有突发性和偶然性,但事故的应急管理应贯穿于事故发生前、发生中、发生后的各个过程,不仅仅限于事故发生后的应急救援行动。

事故应急管理是为了预防、控制及消除事故,减少其对人员伤害、财产损失和环境破坏的程度而进行的计划、组织、指挥、协调和控制的活动。事故应急管理是一个动态过程,包括预防、准备、响应和恢复4个阶段。尽管在实际情况中,这些阶段往往是相互重叠的,但它们中的每一部分都有自己单独的目标,并且成为下一个阶段内容的一部分。事故应急管理内涵如图2.1所示。

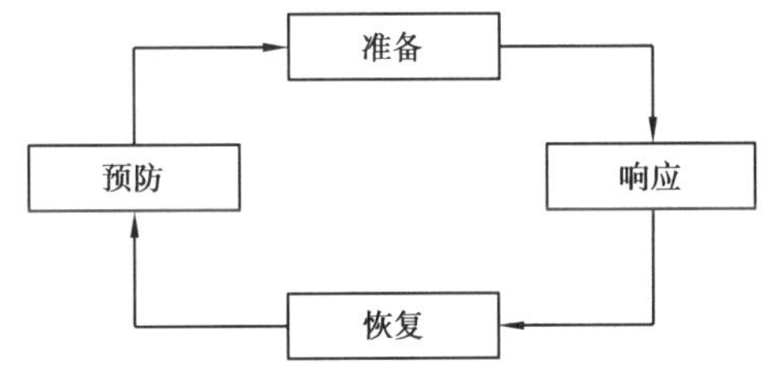

图2.1　应急管理内涵

1)预防

预防就是从应急管理的角度,防止事故发生,避免采取应急行动。对于任何有效的应急管理而言,预防是其核心。在应急管理中,预防包含两层含义:一是事故的预防工作,即通过安全管理和安全技术手段尽可能避免事故的发生,以实现本质安全的目的;二是在假定事故必然发生的前提下,通过预先采取的预防措施来降低或减缓事故影响及其后果的严重程度。

2)准备

准备是针对可能发生的事故,为迅速有效地开展应急行动而预先所做的各种准备,包括应急机构的设立和职责的落实、应急预案的编制、应急队伍的建设、应急设备(施)及物资的准备和维护、预案的培训和演练、与外部应急力量的衔接等。其最终目的是保证事故应急救援所需的应急能力,一旦事故发生,力求损失最小化,并尽快恢复到常态。

3)响应

响应又称反应,是在事故发生前、发生中和发生后对情况进行科学合理的分析,立即采取的应急救援行动。响应的目的是通过发挥预警、疏散、搜寻和营救以及提供避难所和医疗服务等紧急事务功能,防止事态的进一步恶化,使人员伤亡及财产损失降低到最低限度。

4)恢复

恢复工作应在事故发生后立即进行,它首先对事故造成的影响进行评估,使受影响地区恢复最起码的服务,然后继续努力,使其恢复到正常状态。要立即开展的恢复工作包括事故损失评估;长期恢复工作包括重建和再发展以及实施安全减灾计划。恢复阶段还要对应急预案进行评审,改进应急预案的不足。

2.1.2 事故应急管理的内容与应对措施

预防、准备、响应和短期恢复工作,要求在政府部门与企业之间协调和决策时具有熟练的战术,以便应对事故情况下的应急行动。长期恢复和减灾,则要求在计划、政策设计和采取降低风险行动以及控制潜在事故的影响方面具有战略性的行动。在应急行动产生之前,预防和准备阶段可持续几年、几十年甚至更长时间;然而,如果应急发生,则导致进入恢复阶段,新的应急管理又从预防工作开始。

事故应急管理4个阶段的内容与应对措施见表2.1。

表2.1 事故应急管理4个阶段的内容与应对措施

阶段		内容与应对措施
预防	为预防、控制和消除事故对人类生命、财产和环境的危害所采取的行动	安全法律、法规、标准
		灾害保险
		安全信息系统
		安全规划
		风险分析、评价
		土地勘测
		建筑物安全标准、规章
		安全监测监控
		公共应急教育
		安全研究
		税务鼓励和强制性措施

续表

阶段		内容与应对措施
准备	事故发生之前采取的行动。目的是应对事故发生而提高应急行动能力及有效地推进响应工作	国家政策
		应急预案(计划)
		应急通告与报警系统
		应急医疗系统
		应急公共咨询材料
		应急培训、训练与演练
		应急资源
		互助协议
		特殊保护计划
响应	事故发生前及发生期间和发生后立即采取的行动。目的是保护生命,使财产损失、环境破坏减小到最低限度,并有利于恢复	启动应急通告报警系统
		启动应急救援程序
		提供应急医疗援助
		对公众进行应急事务说明
		疏散和避难
		搜寻和营救
恢复	使生产、生活恢复到正常状态或得到进一步的改善	清理废墟
		损失评估
		消毒、去污
		保险赔付
		贷款和核批
		失业评估
		应急预案的复查
		灾后重建

应急管理工作贯穿紧急事件发生之前、之中、之后。由于紧急事件发生时,人们对其反应的时间有限,并且必须在有限的时间内迅速作出准确的决策,但由于信息来源有限、应急所需的人力和设备可能超过实际可得等情况,因此要求应急管理工作者及应急管理工作必须涉及以下方面:

①应急管理者要对可能发生的紧急情况提高警惕,提前预防,并将紧急事件的影响控制到最低限度。

②在紧急事件发生前,应急管理者应制定应急预案,作出响应与恢复计划;对员工进行应急培训与演练,并为组织和企业做好准备,以应对可能出现的紧急情况及其造成的影响。

③在紧急事件发生时,应急管理者应及时出击,在较短的时间内遏制紧急事件的发展。

④在紧急事件的处理过程中,应急管理者需要充分利用有限的物质资源和人力资源,保证应急预案的有效实施。

⑤应急过后,管理者需要对随之而来的恢复和重建进行管理,这些工作应在应急预案中充分考虑,在事故发生之前给予充分的准备。

2.2 应急救援系统

应急救援系统是指负责事故预测和报警接收、事故应急预案制定、应急救援行动的开展、事故应急救援培训和演练、事故恢复工作等事务,控制和消除事故,使事故损失程度降低到最小的由若干相互联系和作用的应急要素组成的一个有机体。应急救援系统既涉及救援的组织机构,又涉及救援的支持保障;既包含救援系统的核心要素,又需要响应程序来实现其功能等。故本节从应急救援系统的基本要素、组织机构、响应机制及响应程序 4 个方面进行阐述。

2.2.1 应急救援系统的基本要素

系统是指由相互联系、相互作用、相互依赖和相互制约的若干事物和过程所组成的一个具有整体功能和综合行为的统一体。从安全系统的动态特性出发,人类的安全系统是由人、社会、环境、技术、经济、信息等因素构成的大协调系统。事故应急救援系统是安全系统的子系统,也应是由人、社会、环境、技术、经济、信息等因素构成的协调系统。事故应急救援的总目标是通过预先设计和应急措施,利用一切可以利用的力量,在事故发生后迅速控制其发展,保护现场人员和附近居民的健康与安全,并将事故对人、财产和环境造成的损失降至最小限度。应急救援系统随事故的类型和影响范围而异。

1)政府应急预案的基本要素

政府应急预案的基本要素包括以下 6 个一级要素:

(1)方针与原则

方针是反映应急救援工作的优先方向、政策、范围和总体目标(如保护人员安全优先,防止和控制事故蔓延优先,保护环境优先);体现预防为主、常备不懈、统一指挥、高效协调以及持续改进的思想。基本原则:预防为主,统一指挥;分级负责,区域内为主;单位自救和社会救援相结合。

(2)应急策划

应急策划即进行危险分析、资源分析、法律法规要求。

(3)应急准备

应急准备即要考虑机构与职责,应急资源准备,教育、培训与演练,签订互助协议。

(4)应急响应

应急响应是应急预案中最重要的要素,涉及内容包括接警与通知、指挥与控制、警报与紧急公告、通信、事态监测与评估、警戒与治安、人群疏散与安置、医疗与卫生、公共关系、应急人员安全、消防与抢险、泄漏物控制等。

(5)现场恢复(短期恢复)

现场恢复的主要内容包括宣布应急结束的程序,撤点、撤离和交接程序,恢复正常状态的程序,以及现场清理和受影响区域内的连续检测,事故调查与后果评价等。其目的是控制此时仍存在的潜在危险,将现场恢复到一个基本稳定的状态,并为长期恢复提供指导和建议。

(6)预案管理与评审改进

预案管理与评审改进包括对应急预案的制定、修改、更新、批准和发布作出管理规定,并保证定期或在应急演练、应急救援后对应急预案进行评审,针对实际情况的变化以及应急预案中暴露出的缺陷,不断地更新、完善和改进应急预案文件体系。

2)企业应急预案的基本要素

结合我国的实际情况,企业的一个高效的事故应急救援系统应具有以下要素:

(1)应急救援计划

应急救援计划是政府或企业为降低事故后果的严重程度,以对危险源的评价和事故预测结果为依据而预先制定的事故控制和抢险救灾方案,是事故应急救援活动的行动指南。它是应急救援系统的重要组成部分,针对各种不同的紧急情况制定有效的应急预案,不仅可以指导应急人员的日常培训和演练,保证各种应急资源处于良好的备战状态,而且可以指导应急行动有序进行,防止救援不力而贻误战机。

(2)应急救援组织机构

建立坚强有力的应急救援组织机构是落实事故应急预案的关键。健全的应急救援组织机构应包括应急处置行动组、通信联络组、疏散引导组、安全防护救护组等。小规模企事业单位的应急救援组织机构可由单位其他部门担任,但是各个机构要权责明确,整个应急救援组织应训练有素,保证紧急事故出现后招之即来,来之能战,战之能胜。

(3)通信联系和报警系统

通信联系在应急系统中是一个决定性因素。企业应建立可靠的通信联络与报警系统,确保一旦现场发出警报,就能立即通知应急服务机构,同时必须将事故的性质、正在采取的行动以及控制后果的措施等信息及时提供给有关人员和公众。

(4)应急器材与设施

应急器材与设施主要包括消防器材、紧急照明设备、个人防护用品、疏散通道、安全门、急救器材与设备等。

(5)外部援助系统

外部援助系统包括上级指挥中心、特殊专业人员(如分析化学家、毒理学家、气象学家等)、事故应急处理数据库、实验室、消防队、公安局、应急专家咨询机构、军事或民防机构、公共卫生机构、医院、运输公司等。

(6)事故预警监测系统

事故预警监测系统是对危险源的情况进行监测,并将信息反馈给相应的管理部门,发生事故时对事故的进展进行监测并将信息反馈给决策部门,以便采取相应的应急救援措施。

2.2.2 应急救援系统的组织机构

应急救援系统包括多个运作中心,主要有应急指挥中心(紧急运转中心)、事故现场指挥中心、支持保障中心、媒体中心和信息管理中心。系统内的各中心都有各自的功能职责及构建特点,每个中心都是相对独立的工作机构,但在执行任务时相互联系、相互协调,呈现系统性的运作状态。应急救援系统的组织机构如图 2.2 所示。

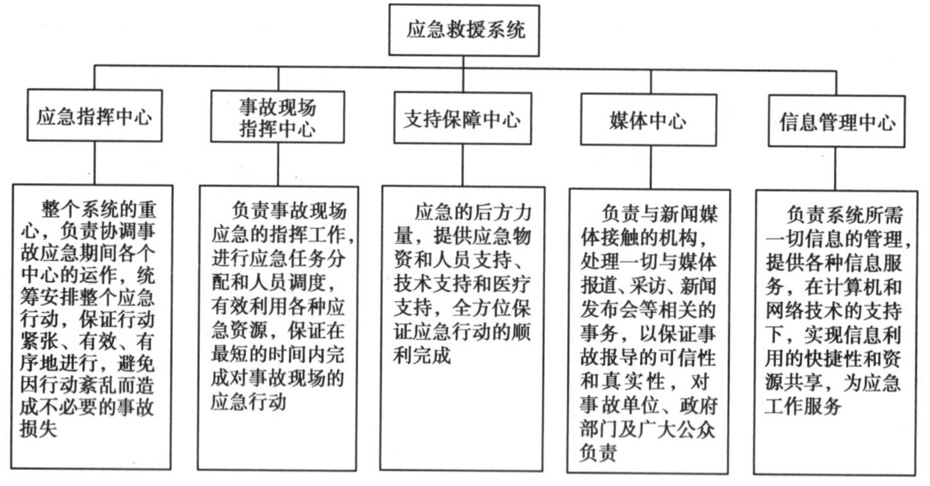

图 2.2 应急救援系统的组织机构

1)应急指挥中心

应急指挥中心在事故应急救援系统中主要负责事故应急行动中的信息协调,提供应急对策,处理应急后方支持及其他管理职责,是进行应急行动全面统筹的中心,能保证整个应急救援行动有条不紊地进行,减少因事故救援不及时或救援组织工作紊乱而造成的额外人员伤亡和财产损失。

2)事故现场指挥中心

事故现场指挥中心是应急救援系统中与应急指挥中心相对应的现场指挥机构。该中心与应急指挥中心的不同之处在于,它偏重于事故现场的应急救援指挥和管理工作。其职责主要是负责在事故现场制定和实施正确、有效的事故现场应急对策,确保应急救援任务的顺利完成。事故现场指挥中心是整个现场应急救援工作的指挥者和管理者。事故现场指挥中心的建立如图 2.3 所示。

3)支持保障中心

支持保障中心在整个应急救援系统中起应急后方力量支持保障的作用,为事故应

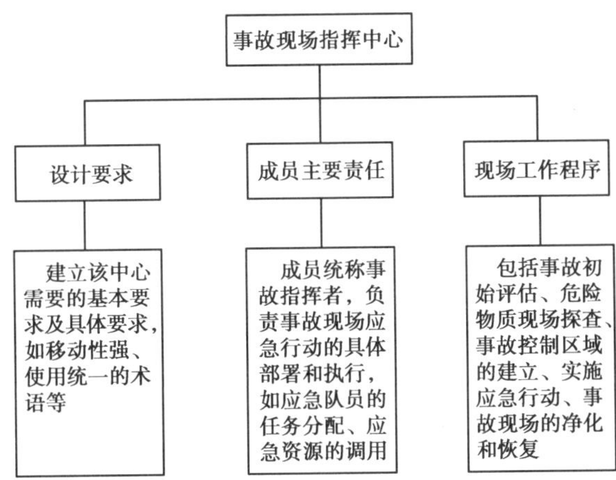

图 2.3　事故现场指挥中心的建立

急救援的完成提供应急所需的物资和人力资源。支持保障中心的建立如图2.4所示。

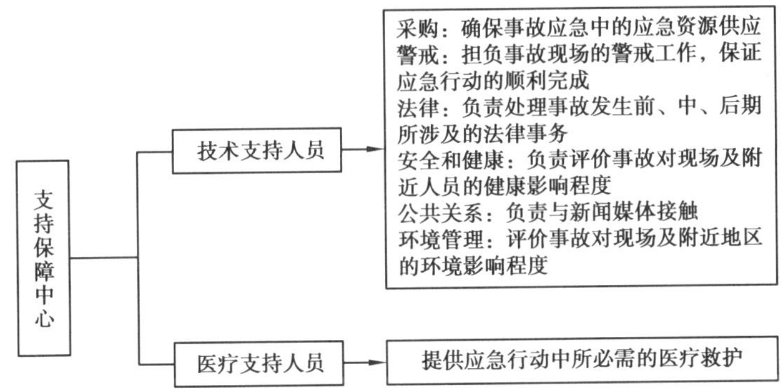

图 2.4　支持保障中心的建立

4）媒体中心

在事故应急救援系统中，媒体中心负责安排事故应急救援过程中的媒体报道、采访和新闻发布等事宜。任何一个事故的发生都可能引起媒体的注意。如果事故发生后没有专门机构来处理与媒体的关系，则可能导致媒体报道失真，影响应急救援行动，破坏事故单位在公众中的形象，甚至引起公众的恐慌。媒体中心的建立如图 2.5 所示。

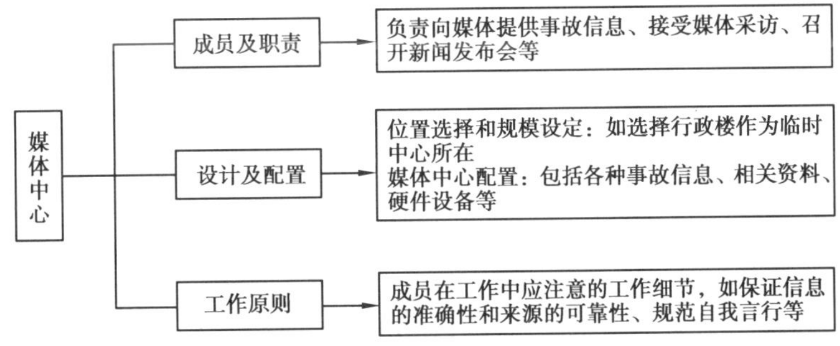

图 2.5　媒体中心的建立

5)信息管理中心

在事故应急救援系统中,信息管理中心的主要任务是信息管理和信息服务。在信息化时代,信息的高效利用能极大地节约应急所花费的时间,有效地保护人民生命财产的安全。信息管理中心的建立如图2.6所示。

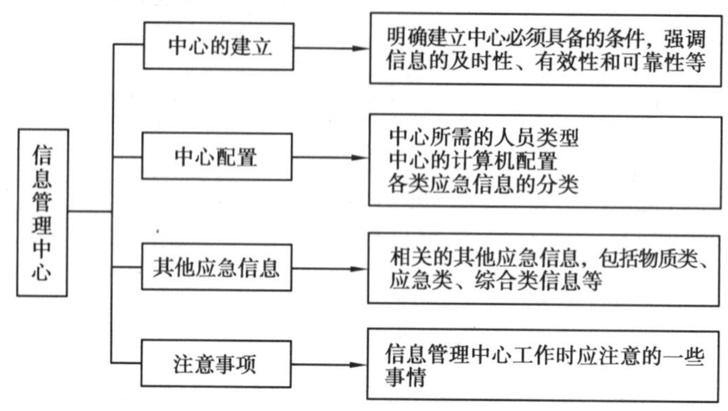

图2.6 信息管理中心的建立

在应急响应中,各组织机构之间的关系如图2.7所示。

2.2.3 应急救援系统的响应机制

应急救援系统根据事故的性质、严重程度、事态发展趋势实行分级响应机制。针对不同的事故应急响应级别,应相应地明确事故的通报范围、事故应急中心的启动程度、应急力量的出动、设备及物资的调集规模、疏散范围以及应急总指挥的职位。

事故一旦发生,就应立即实施应急程序,如需上级援助,应同时报告当地县(市)或企业事故应急主管部门,根据预测的事故影响程度和范围,需投入的应急人力、物力和财力等逐级启动事故应急预案。

在任何情况下都应对事故的发展和控制进行连续不断的监测,并将信息传送到企业级事故应急指挥中心。企业级事故应急指挥中心根据事故的严重程度,将核实后的信息逐级报送上级应急机构。企业级事故应急指挥中心可向科研单位、地(市)或全国专家、数据库和实验室就事故所涉及的危险物质的性能、事故控制措施等征求专家意见。

企业级事故应急指挥中心应不断向上级机构报告事故控制的进展情况、所作出的决定与采取的行动。后者对此进行审查、批准或提出替代对策。将事故应急处理移交上一级指挥中心的决定,应由企业级事故应急指挥中心和上级政府机构共同决定。作出这种决定(升级)的依据是事故的规模、企业能够提供的应急资源及事故发生的地点是否使企业范围外的地方处于风险之中。

主管部门应建立适合的报警系统,且有一个标准程序,将事故发生、发展信息传递给相应级别的应急指挥中心。根据对事故状况的评价,启动相应级别的应急预案。

我国地方政府或企事业单位在确定其应急救援响应机制时,可根据各自危险、危害情况具体确定。例如,《北京市突发公共事件总体应急预案》为了有效处置各类突发

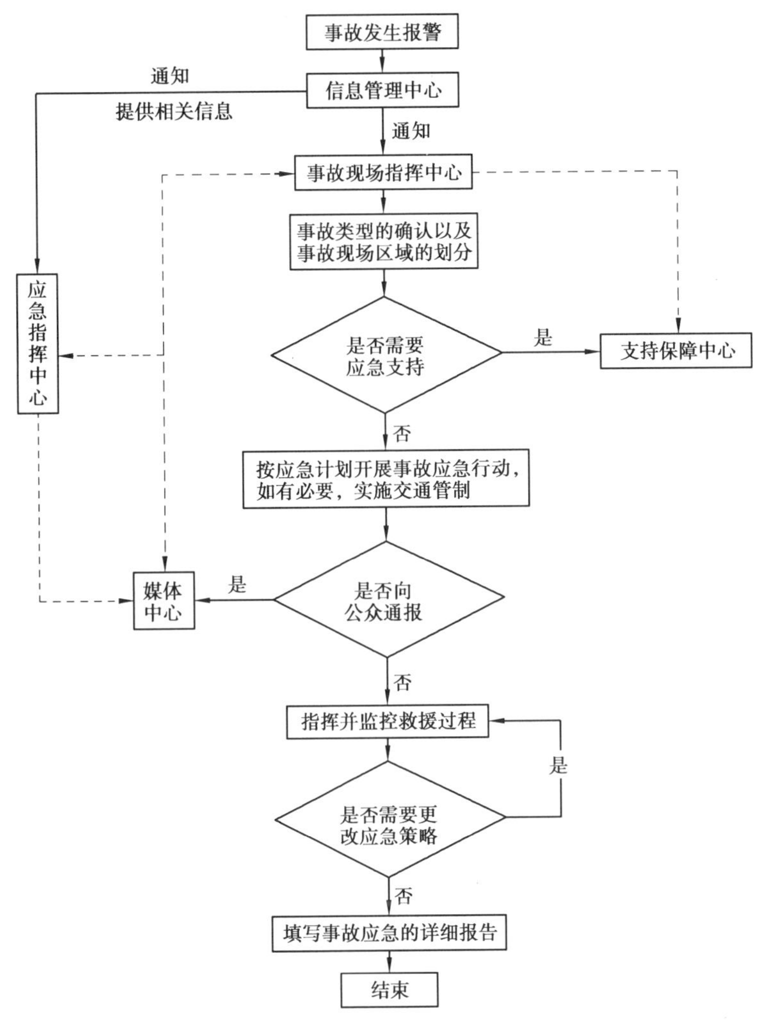

图 2.7　应急响应中各组织机构关系图

公共事件，依据突发公共事件可能造成的危害程度、波及范围、影响力大小、人员及财产损失等情况，由高到低划分为特别重大（Ⅰ级）、重大（Ⅱ级）、较大（Ⅲ级）、一般（Ⅳ级）4 个级别。

①特别重大突发公共事件（Ⅰ级）：指突然发生，事态非常复杂，对北京市公共安全、政治稳定和社会经济秩序带来严重危害或威胁，已经或可能造成特别重大人员伤亡、特别重大财产损失或重大生态环境破坏，需要市委、市政府统一组织协调，调度首都各方面资源和力量进行应急处置的紧急事件。

②重大突发公共事件（Ⅱ级）：指突然发生，事态复杂，对一定区域内的公共安全、政治稳定和社会经济秩序造成严重危害或威胁，已经或可能造成重大人员伤亡、重大财产损失或严重生态环境破坏，需要调度多个部门、区县和相关单位力量及资源进行联合处置的紧急事件。

③较大突发公共事件（Ⅲ级）：指突然发生，事态较为复杂，对一定区域内的公共安

全、政治稳定和社会经济秩序造成一定危害或威胁，已经或可能造成较大人员伤亡、较大财产损失或生态环境破坏，需要调度个别部门、区县力量和资源进行处置的事件。

④一般突发公共事件（Ⅳ级）：指突然发生，事态比较简单，仅对较小范围内的公共安全、政治稳定和社会经济秩序造成严重危害或威胁，已经或可能造成人员伤亡和财产损失，只需要调度个别部门或区县的力量和资源能够处置的事件。

2.2.4 应急救援的响应程序

快速、有序且高效地处理事故，需要事故应急救援系统中各个组织机构的协调努力。事故一旦发生，应立即启动事故应急救援系统的应急响应程序。应急响应程序按过程通常可分为接警、响应级别确定、应急启动、救援行动、应急恢复和应急结束等几个过程。

重大事故应急救援系统的响应程序如图 2.8 所示。重大事故应急救援系统响应程序包括警情与响应级别的确定、应急启动、救援行动、应急恢复、应急结束 5 大步骤。

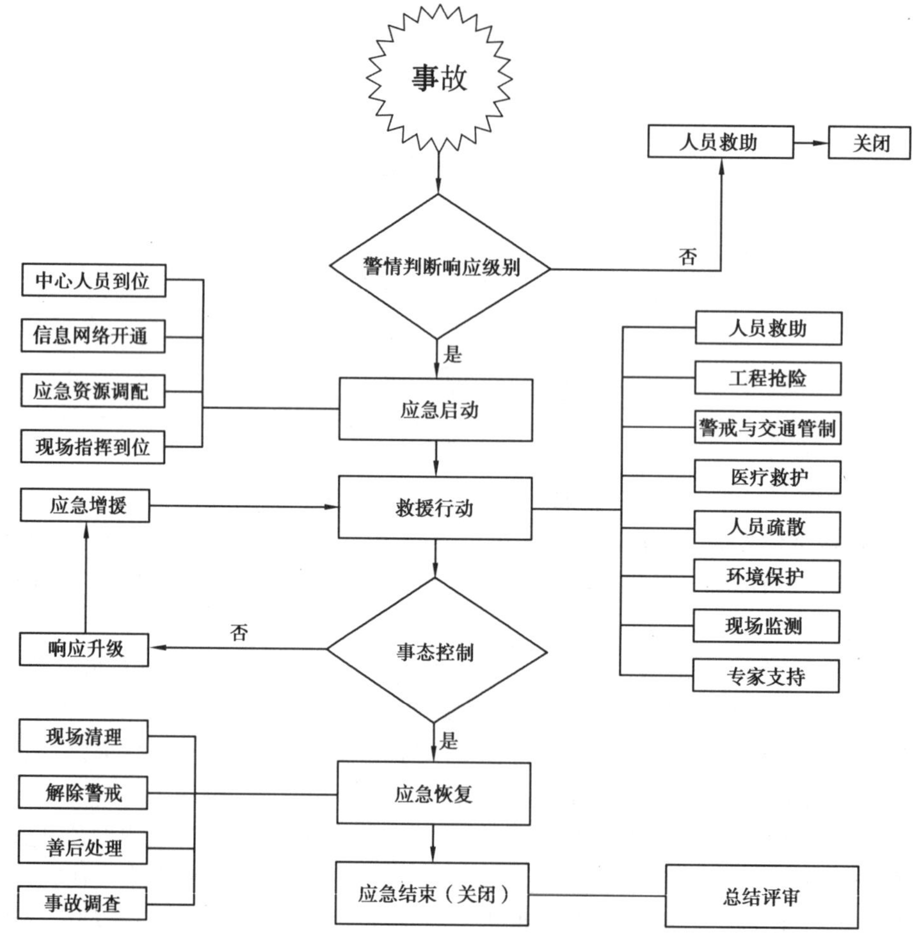

图 2.8 重大事故应急救援系统响应程序

1)警情与响应级别的确定

接到事故报警后,按照工作程序对警情作出判断,初步确定响应级别。如果事故不足以启动应急救援体系的最低响应级别,响应关闭。

2)应急启动

应急响应级别确定后,按所确定的响应级别启动应急程序,如通知应急指挥中心有关人员到位、开通信息与通信网络、通知调配救援所需的应急资源、现场指挥到位等。

3)救援行动

有关应急队伍进入事故现场后,迅速开展侦测、警戒、疏散、人员救助、工程抢险等有关应急救援工作。专家组为救援决策提供建议和技术支持。当事态超出响应级别,无法得到有效控制时,应向应急指挥中心请求实施更高级别的响应。

4)应急恢复

应急行动结束后,进入临时应急恢复阶段。应急恢复包括现场清理、人员清点和撤离、警戒解除、善后处理和事故调查等。

5)应急结束

执行应急关闭程序,由事故总指挥宣布应急结束。

一般灾害的应急救援响应程序与重大事故相似,但结合具体事故情况可作调整。

2.3 应急实施能力

应急预案编制工作组进行企业、施工现场应急实施能力分析的首要任务是信息收集,这是应急管理的一个重要部分,也是编写好应急预案的关键环节。信息所涉及的内容包括企业、施工现场内部有关计划与政策,有关外部组织的要求,相应的法律法规,内部应急资源及外部应急资源调查等。

2.3.1 熟悉企业、施工现场内部有关计划与政策

分析企业、施工现场的应急实施能力,就应熟悉本企业的生产、运营及发展状况,了解其有关的方针与政策。因此,应急预案编制工作组在编写应急预案之前至少需要查询本企业以下的文件:

①疏散撤离计划;

②防火方案;

③安全与卫生方案;

④环境政策;

⑤治安程序;

⑥保险方案;

⑦员工应急手册;

⑧工艺过程安全评估;

⑨风险管理计划;

⑩资本扩大规划；

⑪互助协议。

应该注意的是，在应急预案起草前，应急预案编制工作组应确保应急预案与企事业单位的其他组织计划相结合。企事业单位的应急预案应确保符合本单位的有关计划及政策，与相关文件衔接和兼容。

当应急预案最终定稿时，应急预案编制工作组还应与外界组织共同讨论应急预案的可应用部分，以确保正确估计应急能力，并得到其他的服务和资源补充。

2.3.2 符合外部组织要求

企事业单位应急实施能力的分析虽涉及本单位，但应急预案编制工作组应确保与政府机构、团体组织和公共事业机构等部门联络，向他们咨询有关的可能发生的紧急事件以及计划和可利用的资源。在企事业单位的应急管理中，应急预案编制工作组应与以下机构保持联络，并确保从那里获得有关的信息资源：

①中华人民共和国应急管理部；

②中华人民共和国国家发展和改革委员会；

③中华人民共和国住房和城乡建设部；

④中国气象局；

⑤消防部门；

⑥公安机关；

⑦紧急医疗救助机构；

⑧地方应急委员会；

⑨地方气象局；

⑩地方通信管理局；

⑪地方电力部门；

⑫相关企业。

2.3.3 辨识法规和规章

企事业单位根据有关法规明确应负的责任和承担的义务，这是应急预案编制工作的法律依据和保障。在此基础上，每个单位根据自己所属行业和各自生产特点还应辨识可采用的国家、地方等有关应急的规章。如：

①有关职业安全卫生的法律法规；

②有关环境的法律法规；

③有关消防的法律法规；

④防震减灾的法律法规；

⑤地方交通规则；

⑥地方性法规；

⑦地方合作政策等。

2.3.4 评审相关的应急预案

某些企事业单位可能没有应急预案,或只有很简单的应急预案。在修改或制定一个新的应急预案之前,对已有应急预案进行评审是很有必要的。评审相关的应急预案包括已有的应急预案、周边地区应急预案及政府应急预案。

1)评审已有的应急预案

评审与紧急情况相关的应急预案,以加深对过去紧急情况管理方法的理解。相关的内容应包括设备手册、评价报告、防火计划、危险品泄漏应急计划、自然灾害应急预案,以及可能涉及的应急停车及类似活动的操作规程。评审和检查上述内容可确保应急预案的连续性。在检查这些应急预案时,应急预案编制工作组应注意应急预案的时效性。

2)熟悉周边地区的应急预案

应急预案编制工作组应了解临近辖区是如何为紧急情况做准备的,熟悉临近辖区的应急预案可以及时发现被自身忽视的某些信息。

应急预案编制工作组还应与邻近企事业单位的相关人员一起对可能发生的事故以及资源和能力等信息进行讨论,以寻找对应急操作程序等的改进措施,并可与他们签订互助协议。

3)了解政府应急预案

应急预案编制工作组应了解包括政府和社团组织在内的社会应急网络的运转,了解政府应急预案,从而理解这些政府机构或社团组织如何准备应急和从紧急情况中恢复,这对本单位在紧急情况中得到外部支持有很大帮助。

2.3.5 辨识关键性的产品、服务和操作

企事业单位特别是一些商业机构,需要辨识其自身关键性的产品、服务和操作来评估潜在的紧急情况对企业自身造成的压力,从而进一步决定企业进行救援工作的必要条件。需要辨识的范围包括:

①公司产品与服务以及用于生产的设施设备;

②由供应商提供的产品与服务,尤其是提供产品的独家供应商;

③生命线工程,如电源、水、管道、液化气、电信和交通等;

④对企业持续发展至关重要的操作程序、设备和职工状况。

2.3.6 应急资源调查

1)内部应急资源调查

企事业单位内部应急资源主要包括应急人员、应急设备、应急设施、组织对策及后备系统。

(1)应急人员

调查应急人力资源时,主要考虑应急人员的数量、素质和在紧急情况下应急人员的可获得性,以及人员对紧急情况的承受能力和应变能力。应急人员应涉及消防队、

危险物响应组、紧急医疗服务、保安、应急管理组、疏散组、公共信息管理人员。

(2)应急设备

应急设备可分为现场应急设备和场外应急设备。现场应急设备包括灭火装置、危险化学品泄漏控制装置、个人防护设备、通信设备、医疗设备、营救设备等。在对现场区域内事故发生可能性及危险性分析的基础上,应急预案编制工作组可依据需要来制定所需设备清单,以便进行具体工作的部署。场外应急设备是指不必自备的应急设备。在事故发生现场的附近单位和公共安全机构一般会有一些必需的应急设备,利用这些设备,可使内部和外部的应急资源得到互相补充,提高应急工作效率,节约经费支出。

应急时要求有良好的报警系统。无论采取什么样的报警方式,应急小组应评估报警系统及其工作的充分性;如果可能出现辐射能失调或超负荷情况,主要系统最好配有备用系统。

应急管理中常用的设备类型有:

①洒水灭火系统;

②消防供水系统;

③火灾检测系统;

④消防设备;

⑤毒物泄漏控制设备;

⑥个人防护设备;

⑦医疗设备;

⑧气象设备;

⑨生产和照明的备用电力设备;

⑩特殊危险的专用工具;

⑪有毒物质的传感装置;

⑫预测有毒化学物质扩散的软件和硬件设备;

⑬交通设备、培训设备。

在应急管理中,应急要求的、企事业单位现有的和仍需要的应急设备与供应应以表格形式列出,形成文件。

救援装备在开展应急救援工作中是必不可少的。为保证救援工作的有效实施,企事业单位应尽早制定救援装备的配备标准,平时做好装备的保管工作,保证装备处于良好的使用状态,一旦发生事故就能立即投入使用。

救援装备的配备应根据各自承担的救援任务和救援要求选配。选择装备要考虑实用性、功能性、耐用性和安全性以及客观条件。另外,做好救援装备的保管工作,保持良好的使用状态是平时救援准备的一项重要工作。各救援部门都应制定救援装备的保管、使用制度和规定,专人负责,定时检查,做好救援装备的交接清点工作和装备的调度使用,严禁救援装备被随意挪用,保证应急救援的紧急调用。

(3)应急设施

企事业单位在应急管理中应具备必要的应急设施,具体包括应急指挥中心、媒体中心、避难区、急救站和公共卫生站。如果单位不具备一定的规模,可考虑一些部门在应急时充当相应的职能或考虑外部资源。

(4)组织对策

企事业单位应急管理中的应急资源还应包括应急培训与教育。企事业单位在培训前应结合本单位的情况进行应急培训需求分析,进而制定培训方案,建立培训程序。

①应急培训需求分析。应急培训需求分析是针对组织内的每个层次和职能,结合企业面临的风险以及相应的应急设备和能力,系统识别所需要的应急知识和技能。在此基础上,针对个人评价现有的应急知识和技能水平,比较个人现有应急知识和技能与其所处层次和职能的需要二者之间的差距,确定培训需求。如果上述二者之一发生了任何变化,则还需要进行应急培训需求分析。分析完成后,培训者应按任务和职责对每个应急岗位的能力要求制定一个工作/任务摘要简表。工作/任务摘要简表的基本格式应包括以下内容:

a.使命:岗位的总体目标;

b.重要职责:按职责对工作进行全面说明;

c.任务:每项职责下要履行的各种任务;

d.任务说明:明确说明责任人该怎么做;

e.小组与个人:个人执行任务和小组执行任务之间的区别。

完成工作/任务摘要简表后,应核实所有职责、任务和相关任务的信息。根据工作/任务分析,可明确培训目标。

②制定培训方案。制定培训方案是根据应急培训需求分析,制定基本应急培训方案、专业应急培训方案。

基本应急培训是对应急行动相关人员进行的最低程度的应急培训,包括除应急救援组织成员以外的与发生事故有关的任何人员,即所有员工及涉及的公众。通过普及教育使公众增加防灾意识,提高应对紧急事件的技能。培训内容包括:

a.本区域内存在的危险源及可能发生的事故类型;

b.事故的预防措施和应急措施;

c.发生事故时相关人员的职责;

d.事故报警方法;

e.防护用具的使用;

f.自救与互救知识;

g.应急信号识别;

h.疏散路线。

基本应急培训的方式多种多样,对于一般的了解知识可以利用小册子、壁报、挂图、广播、电视等形式,向有关人员做广泛的宣传教育,还可以举办专题讲座。

专业应急培训是对应急救援系统中各应急功能和应急程序的培训,参加人员主要是各应急功能和应急救援程序的执行人员。此培训有助于执行人员明确自己在应急救援中的职责,掌握应急知识和技能。此培训可采用课堂授课和实际演练相结合的方式进行。

③建立培训程序。应急组织在识别培训需求和实施培训方案时,应按程序进行。但需注意的是,在建立培训程序时,需根据组织内不同层次的职责、能力和文化程度以及所面临风险的不同特点,有针对性地予以考虑,以便使程序更加有效、可行。

(5)后备系统

应急预案编制工作组在进行应急资源分析时还需要以下资源,这要求有关部门予以提供与支持,具体包括:

①通信系统;

②运输和接收系统;

③信息支持系统,包括应急电源、抢救支持系统等。

2)外部应急资源调查

当紧急事件发生时,有很多外部资源可用于应急管理中。在有些情况下,企事业单位有必要与外部机构签订互助协议,以便在紧急事件发生时能够调用外部资源,做到资源共享。所涉及的外部应急机构包括:

①应急管理机构。如国家在国务院设立的应急管理部,以及各省市地方政府应急机构。

②消防救援局。我国在应急管理部设有消防救援局,各省市、区、县都设有地方消防机构。

③危险化学品应急处置机构。我国在上海、青岛、天津等市都设有危险化学品事故应急处置中心。

④紧急医疗救助机构。

⑤地方和国家公安部门。

⑥企业服务机关。

⑦相关合作企业和同行业都是应急救援所需要的技术和专业支持的保障机构。

⑧应急设备供应商。

⑨保险公司。

⑩环境保护机构等。

3)区域应急资源调查

同企事业单位应急预案编制方法相同,地方政府在建立应急预案编制工作组之后,应明确预案编制工作组的职责,进行职权划分。应急预案编制工作组在进行应急预案编制之前,应对现有的应急预案进行评审、整合,并开展全面的应急资源调查。

(1)现有应急预案的评审与整合

应急预案编制工作组的领导者自始至终都要有充足的时间和资源执行其负责的

应急任务。应急预案制定完成也就意味着该应急预案已经过时,因此要不断地进行应急预案的重新评估和修订,以适应形势发展的需要。应急预案编制工作组的领导者必须具有一定的能力,确保所有相关的管理部门能够互相沟通和通力合作。

地方政府应急预案既要与上级应急预案协调一致,又要与下级应急预案相互关联。其他省、市的有关应急救援管理机构、消防或公安部门、环境部门、卫生部门或交通部门很可能已经制定了各自机构的应急预案,下属企事业单位也已经制定了自己的应急预案来应对企业的危险。因此,地方政府在编制本辖区应急预案之前,应先了解上级政府有关应急预案,评审周边应急预案,掌握下级企事业单位的专项应急预案。这样可避免应急预案重复,消除与现存应急预案的冲突,同时也可减少应急预案编制的工作量,并从中吸取经验和教训。

应急预案编制工作组应及时对工厂应急预案和辖区及邻近地区的应急预案进行协调,以便对其中发现的问题提出互相可以接受的解决办法,分工合作有助于及时、有条不紊地应对应急救援工作。

地方政府、企业和工厂要建立良好的伙伴关系,联合解决出现的问题,虚心地倾听不同意见,公开交换各种意见,有效领导以及充分理解各主要部门参加者的作用,这是应急救援成功的关键。

应急预案整合也包括各组织机构之间的协调,当由两个或两个以上单位执行同一任务时,确定由谁来负责是非常重要的。如政府与几个汽车公司或与几个救护站签订了协议后,应该任命一个负责人,其他人向负责人汇报。如果因此而引起摩擦,负责人也可以由各组织成员定期轮流担任。

(2)区域应急资源初步调查

应急资源是有效实施应急救援工作的重要条件,对政府而言,应急资源包括的种类有很多,随紧急事件的类型不同而不同,但无论哪类紧急事件,其应急资源至少涉及以下 5 个方面:

①应急资源的资金保障;

②应急救援物资保障;

③通信与信息保障;

④医疗卫生保障;

⑤交通运输保障等。

前面提到应急管理机构中应涉及财政、交通、通信、卫生等部门负责人,他们是应急管理与应急预案有效制定与实施的关键。应急管理机构在成立初始,首先应完成应急管理的时间安排与资金计划,财政部和县级以上人民政府应在财政预算中安排资金用于应急救援的有关工作,国家和各级政府应进行财政专项拨款以购置应急救援物资。在国家应急物资储备中,应安排应急救援物资及装备用于特别重大事故的应急救援。县级以上人民政府及其有关部门应根据应急救援的需要,在本行政区域内储备必要的应急救援物资和装备。

除了应急资金和应急物资之外，在应急响应过程中，如何能够有效、迅速地控制事态的发展，如何能最大限度地减少人员伤亡和事故损失，通信与信息、医疗卫生与交通运输条件都起着至关重要的作用，在应急资源评估中应充分考虑这些资源的需求。因此，电信部门和通信经营单位应当与国家应急管理机构建立应急救援通信系统和通信服务项目，为应急救援提供畅通的通信服务。当现有通信系统不能满足应急救援需要时，应在县级以上人民政府及其有关部门的要求下，提供临时性的应急救援通信手段。

国家和县级以上人民政府卫生行政管理部门应当积极配合，协助应急救援管理机构开展应急救援工作。参加应急救援的医疗单位，应当配备相应的医疗救治设备、药品，并对医护人员进行应急医疗救治技能的培训，以满足应急救援的需要。

交通、民航、铁路、公安、消防等有关部门应根据应急预案要求，做好应急救援交通运输保障准备。当道路、交通、运输能力不能满足要求时，应当采取相应的措施。

国家和县级以上人民政府及其有关部门应当建立应急救援专家队伍，为应急救援工作提供技术支持。

在应急预案编制过程中，应合理地对政府辖区内的资源开展全面调查和客观分析，并在应急管理中对应急资源进行有效整合。

(3)区域应急行动人员的确定

在应急预案的编制过程中，必须确定出实施应急预案的人员。常见的地方政府应急管理组织结构如图2.9所示，但实施过程中应特别考虑以下部门或机构：

①消防部门；

②交通部门；

③公安部门；

④志愿组织；

⑤地方医院或卫生机构；

⑥学校和寄宿制单位；

⑦环境保护部门；

⑧新闻媒体机构；

⑨市政设施和公用工程部门。

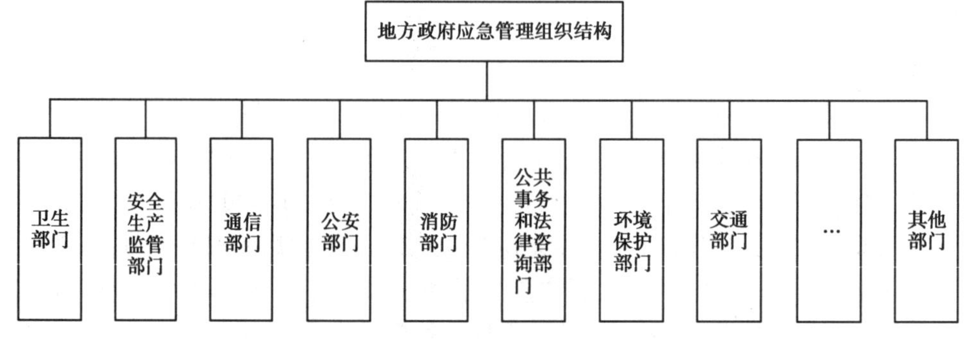

图2.9　地方政府应急管理组织结构图

在这些机构中,应急预案人员应根据他们的职位及其在区域内的职责,确认出专门联络企业点。担任这些职位的人员及其替代人员名单应在指挥系统组织结构图中表示出来。如前所述,人员可能经常变化,但是职位是固定的,因此应急预案只以职位表示。相关人员的姓名和24小时联系电话应单独放在附录中。

一旦确定了人力资源、职责范围,就可以制定出组织与功能的表格。

(4)区域应急设施调查

大多数情况下,地方政府具有的应急设施可以应对可能出现的各种紧急事件,并且地方政府制定有启动和使用应急设施的程序。对企事业单位的应急反应,只需适当增加资源即可,但必须要在事故发生前进行应急预案。政府与提供应急设施的机构、组织或个人之间必须签订协议书和备忘录。

应急设施一般不是应急专用的。许多企业、政府、公安或消防指挥部的一部分可作为应急指挥中心。

公众大多从媒体获得紧急情况的信息,而且主要是电子媒体。为此,最好专门设立一个媒体中心,并请来自事故现场、地方政府和应急反应机构的负责人作为发言人。

地方应急反应所需的其他设施要根据风险分析阶段的辨识结果来确定。如果应急人员有可能暴露在有毒或有放射性物质的环境中,还需要设立一个污染清除中心。无论采用什么方法,都应制定使用程序。受污染的伤员首先要清除污染,然后再接受医疗救治,这样可以避免应急医疗人员的交叉污染,必要时还要对车辆污染进行清除处理。

应急医疗救护也是必需的,在事故现场附近应设立专门区域用于护士或应急医师对伤员进行急救。应急工作人员也可根据指挥,运送重伤员到地方医院或事先签有协议的医疗中心。应急小组应确保这些医疗人员熟识企事业单位内存在的危险。

对常见的快速移动的工业事故,公众最好采用的防护性行动是安全躲避,即留在或进入室内并关闭通风设备。但事故发生地附近区域内可能还需要疏散,因此,除了应制订包括最佳疏散路线的计划外,还要确定疏散人员的收容点和避难所。学校具有大厅和充足的卫生设施以及开阔的体育场,因此常作为避难所。在避难所,疏散人员可临时住宿。接待中心也可用于接收短期、小规模的疏散人员。在大型疏散中,接待中心常作为登记处,必要时也可作为污染清除中心。从这个场所,人们可到预先确定的避难所长期驻留,在这种情况下,接待中心作为记录疏散人员的位置和通知有关亲属的信息中心。

(5)应急设备调查

地方政府应急操作所需要的设备在某种程度上与企事业单位的相同,但与应对的危险有关。应急指挥中心要配备各类设备以应对重大紧急事故。在任何情况下,必须要配备通信联络设备,以及用于公共预警系统和交通管制、公用工程、执法及卫生医疗服务等的设备,一般还要配备收发数据信息的复印和传真设备。

大型应急规划地图应放置在应急指挥中心的显著位置,在地图上标明重要交通、疏散路线和影响区的危险位置。重大危险范围可用以一个中心点为圆心的圆表示，当已经确认出几个危险场所时，此方法特别有用。另外，还可标明特定工厂和受伤害人员的位置。对于交通事故，气体扩散的投影覆盖图或模板也很有用，知道风向和风速后，可立即确认出需要采取防护行动的危险人群。应急指挥中心应备有标示笔，采用的设备应有状态栏等。状态栏可连续更新，以追踪事故和反应行动的进展，及时掌握所有应急反应组织人员的情况，以便媒体人员获得最新的信息。

应急预案所需的应急设备信息可从风险分析过程中获得。应急反应人员应具有以下应急设备：

①个人防护设备；

②减缓设备；

③清理设备等。

资源评价表用来帮助应急小组总结现有设备及需要的设备、缺乏的设备。可通过与别人的合作协议或通过租借或购买取得。如果要租借或购买，必须要明确资金来源。

第3章　应急预案编制方法与技术

编制应急预案是应急救援工作的核心内容之一，是开展应急救援工作的重要保障。我国政府相继颁布的一系列法律法规，如《中华人民共和国突发公共事件应对法》《国家突发公共事件总体应急预案》《危险化学品安全管理条例》《国务院关于特大安全事故行政责任追究的规定》等，对安全生产事故应急预案的编制提出了相应的要求，是各级政府、企事业单位编制应急预案的法律法规基础。

3.1　应急预案编制

3.1.1　应急预案编制中存在的问题

应急预案是针对重点地区、重点单位或部门可能发生的安全事故或其他灾害，根据应急救援的指导原则和战术原则，以及现有装备拟定的。在编制应急预案时，必须把握好实事求是这一原则，才能达到应急预案在安全事故或灾害现场发挥作用这一基本目的。然而，目前某些单位在编制应急预案时没有把握好这一原则，反而凸现出一些误区和问题。

1）应急预案内容不详细

应急预案内容不详细，主要表现在救援力量部署、救援方案、注意事项等方面的内容模糊、混乱不清。有些应急预案在救援力量进退路线的安排部署上，有救援路线，无退防路线，交代了各救援力量的任务分工，却忽视了相互间的救援协同；有些应急预案在救援方案上，通常只选定救援方式，却没有对救援现场进行估算；有些应急预案在注意事项上，没有根据单位具体情况提出具体的注意事项，而是千篇一律。

2）应急救援步骤制定格式化

一般表现在制定救援对策时，往往把各救援力量在现场的救援行动交代得过细，如救援中心的力量什么时候到达现场、现场救人采取什么方法、救援时哪些人利用哪些救援工具等，却忽略了事故现场瞬息万变的发展规律和计划指挥与临场指挥的关系，反而使应急预案失去了实际意义。

3）事故设定过于简单

事故设定是应急预案制定的关键环节之一，对救援力量部署、施救对策等内容起着决定作用。如果事故设定过于简单,如只确定一个事故点或者是不设定事故发展变化中易引起的次生灾害(如危险化学品的燃烧、压力容器的爆炸、建筑物的倒塌、人员连续伤亡、被困情况变化等),不能充分估计事态发展,那么应急预案就起不到“打大仗、打硬仗、打恶仗”的准备作用,对平时的应急救援训练工作的指导意义也就不强。

4)不同应急预案之间脱节

对于一些较大规模、较大影响的事故,应急救援中心、辖区单位和当地政府部门会制定同一地点、区域的应急预案,但如果应急预案制定单位在制定过程中没有做好统一、衔接和沟通工作,往往会造成力量部署(如停车位置、事故现场设置、救援和退防路线的设置)相冲突甚至任务分工不协调等问题。应急救援中心一旦调动多种力量作战时,就很可能造成作战任务重叠或使应急救援中心制定的应急预案失去作用。

5)各级各单位编制应急预案时侧重点不突出

同样是编制同一类事故的应急预案,应急救援中心和相关单位在编制时由于把握不好出发点,重点不突出,难免出现雷同,甚至是“拿来主义”,使不同单位制定的应急预案基本一个样儿,失去了具体的指导意义。

3.1.2 应急预案的编制要求

编制应急预案必须以科学的态度,在全面调查的基础上,实行领导与专家相结合的方式,开展科学分析和论证,使应急预案真正具有科学性。同时,应急预案应符合使用对象的客观情况,具有实用性和可操作性,以便准确、迅速地控制事故。

应急预案的编制要求有以下 5 点:

1)在应急预案体系上注重完整性

突发事件具有种类多、分布广、损失大、影响深等特点,应急预案体系必须覆盖影响各领域、各行业、各类型的突发事件,具有系统性、完整性和广泛性。

(1)纵向到底

按照《中华人民共和国突发事件应对法》的规定,各级政府要组织开展应急预案编制工作,建立健全突发事件应急预案体系。国务院制定国家突发事件总体应急预案,组织制定国家突发事件专项应急预案;国务院有关部门根据各自的职责和国务院相关应急预案,制定国家突发事件部门应急预案。地方各级人民政府和县级以上地方各级人民政府有关部门根据有关法律、法规、规章、上级人民政府及其有关部门的应急预案以及本地区的实际情况,制定相应的突发事件应急预案。

(2)横向到边

各级、各部门、各领域、各行业应当结合各自特点,针对可能发生并造成严重后果的突发事件,根据社会发展变化和客观形势的要求,制定各类应急预案。特别是山洪地质灾害等自然灾害多发地区,矿山、危险化学品等高危生产行业等,务必认真制定应急预案,力求基本覆盖高发类型突发事件的主要方面。

(3)外延到点

各个城镇社区和乡村居民点是应对处置突发事件的前沿阵地,也是目前应急能力最薄弱的地方。只有将应急预案覆盖到这些节点,才能将应急管理延伸至每一户、每个人。社区和乡村可在政府指导下,针对可能出现的突发事件,制定简明扼要、简便易行的具体应急预案,做到应急有预案、救援有人员、处置有机制、善后有措施。

按照上述原则编制应急预案,能延伸应急管理的触角,拓宽应对工作的广度,覆盖公共安全的各个方面,形成应急预案的立体网络体系。

2)在应急预案内涵上注重科学性

应急预案是应对处置突发事件的行动指南,其内涵应当具有科学性,表述应清晰准确,逻辑系统应严密,措施应严谨科学。

(1)系统

应急预案应当完整包括突发事件事前、事发、事中、事后各个环节,明确各个进程中所做的工作,谁来做、怎样做、何时做,逻辑结构应严密,层层递进,让人一看就懂。各级各类应急预案相互之间也应有序衔接,构成一个完整体系。起草应急预案时,各级各部门各单位一定要密切联系,加强沟通,确保应急预案的严密性和系统性。

(2)权威

制定完善的应急预案要符合党和国家的方针政策,以马克思列宁主义、毛泽东思想、邓小平理论、“三个代表”重要思想、科学发展观、习近平新时代中国特色社会主义思想为指导,坚持依法办事,符合有关法律、法规、规章,使应急预案有法律依据,具有权威性。要明确应急管理体系、组织指挥机构以及职责、任务等一系列行政性管理规定,确保应对工作达到统一和高效。

(3)科学

应对处置突发事件是一项复杂而系统的工程,不同类型的突发事件涉及不同门类的专科知识,同一类型突发事件由于时空等具体条件的不同,处置措施也不尽相同。因此,必须在全面调查研究的基础上,开展分析论证,制定出科学的处置方案,使应急预案建立在科学的基础上,严密统一、协调有序、高效快捷地应对突发事件。

3)在应急预案对象上注重针对性

各级各类应急预案的作用和功能是不尽相同的。编制应急预案应当注重针对性,有的放矢,针对具体情况及所要达到的目的和功能来组织编制,如果照搬照抄,依葫芦画瓢,制定的应急预案必然是一纸空文,华而不实。

(1)结合实际

一旦发生突发事件,应急预案必须既能用,又管用。因此,一定要从实际出发,切忌生搬硬套。各地、各部门、各单位在编制应急预案时,在具体内容、操作程序、行动方案上一般不作统一规定，要针对本地、本部门、本单位突发事件的现状和趋势进行深入细致的调查研究，从中发现和抓住处置突发事件的规律和特点，突出重点，研究制定。

(2)吸收借鉴

一方面，研究上级应急预案的精神和要点，吸收其精华，尽量在框架体系、主要内容上与国家应急预案对接，做到上下衔接；学习各地、各部门应急预案，吸收他人的成功经验，借鉴别人的有效做法，有条件的还可以吸取和借鉴国外的有益做法和经验。另一方面，研究历史突发事件应对案例，从成功经验或者失败教训中分析比较，从中归纳出符合实际、行之有效的做法，并把好的做法包括经验提炼上升为科学、规范的应急预案，使之更具针对性、实效性。

(3)区别对待

不同类别应急预案的作用和功能不同，在编制时应当有所侧重，避免“千篇一律”。一般来说，综合应急预案应当体现在“原则指导”上，专项应急预案应当体现在“专业应对”与“部门职能”上，现场处置方案应当体现在“岗位职责”上，重大活动应急预案应当体现在“预防措施”上。

4)在应急预案应用上注重操作性

应急预案不是用来应付上级检查的，更不是管理者用来推卸责任的，而是关键时刻用来解决问题的。应急预案必须能用、管用，质量高，具有很强的可操作性。

(1)明确

应急预案的内容一般都涉及预防应对、善后处理、责任奖惩等具体问题，文本必须准确无误、表述清楚。在描述突发事件事前、事发、事中、事后的各个环节中，对所有问题都应有明确、充分的阐述，不能模棱两可，产生歧义。每个应急预案的分类分级标准尽可能量化，职能职责定位尽可能具体，避免在应急预案应用中出现职责不清、推诿扯皮等情况。突发事件的发展扩散往往瞬息万变，如果因为应急预案规定不清楚而造成应急救援行动无法协调一致，延误最佳处置时机，后果将会非常严重。

(2)实用

编制应急预案应实事求是、实际管用，要始终把握关键环节，如只写以现有能力和资源为基础能做到的，不写未来建设目标和规划内容等做不到的；从实际出发设置组织指挥体系，与应急处置工作相适应，不强求千篇一律；根据实际情况确定应急响应级别，不强求上下一致等。

(3)精练

编制应急预案要坚持文字“少而精”，内容上不面面俱到，文字上不贪多求全，力求主题鲜明、内容翔实、结构严谨、表述准确、文字简练、篇幅简短。凡是与应急预案主题无关的内容不写，一切官话、套话、空话、废话均应去掉，做到言简意赅。

5)在应急预案制定上注重规范性

编制应急预案要在程序、内容结构、体例格式等方面力求规范、标准。

(1)编制程序要规范

编制应急预案一定要遵循程序，特别是政府的总体、专项和部门应急预案，在应急预案体系中占有主体地位，更应当规范编制程序。一般要制定《应急预案编制管理办法》，从立项、起草、审批、印发、备案等程序对编制应急预案作出规定，对应急预案的更新、修订进行要求，对应急预案的宣传、培训和演练等动态管理内容提出指导性意见。

(2)内容结构要规范

应急预案文本虽然没有固定格式，但基本内容无外乎总则、组织指挥体系、预警预防机制、应急响应、善后工作、应急保障、监督管理、附则等方面。编制应急预案时，一般要对结构框架、呈报手续、体例格式、字体字号、相关附件等进行规范。在应急预案内容结构方面，从应急预案内容、政策规定、部门协调、行文规范等提出严格要求；在呈报手续方面，规定应急预案需附主办部门请示、部门专家意见、上级机关相关应急预案以及有关资料等。这样，编制应急预案既能确保体系内容的完整性，又可提高编制效率。

(3)体例格式要规范

应急预案编制应当基本统一体例格式标准，如对应急预案中涉及的单位名称规定用全称或规范化简称；正文中序号按国家总体应急预案序号层次排列，最高为 3 个层次，超过的用括号区别；附件应当附有与应急预案相关的重要文件或者有关补充内容等。

3.1.3　应急预案编制的基本程序

应急预案编制的基本程序包括应急预案策划、成立应急预案编制工作组、资料收集、风险评估、应急资源调查、应急预案编制、桌面推演、应急预案评审与发布等。

应急预案的编制流程如图 3.1 所示。

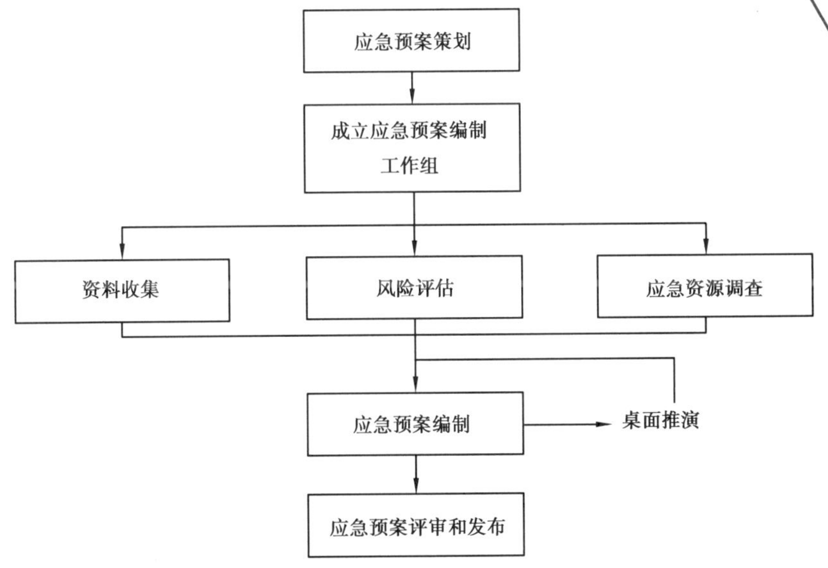

图 3.1　应急预案编制流程表

1）应急预案策划

要使应急预案具有针对性和可操作性，需要对所编制的应急预案进行策划，其目的是明确应急预案的对象和可用的应急资源情况。在全面系统的认识和评价所针对的潜在事故类型的基础上，识别出重要的潜在事故及其性质、区域、分布及事故后果，并根据危险分析结果，分析评估企业中应急救援力量和资源情况，为所需的应急资源准备提供建设性意见。在进行策划时，应当列出国家、地方相关的法律法规，作为制定应急预案和应急工作授权的依据。因此，应急策划包括危险分析、应急能力评估（资源分析）以及法律法规要求等。

2）成立应急预案编制工作组

应急预案编制工作是一项涉及面广、专业性强的工作，是一项非常复杂的系统工程，需要具备环保、安全、工程技术、组织管理、医疗急救等各方面的知识。因此，预案编制工作要由各方面的专业人员和专家组成，还应邀请相关救援队伍以及周边相关企业、单位或社区代表参加。成立应急预案编制工作组是将各有关职能部门、各类专业技术人员有效结合起来的最佳方式，也是保证应急预案准确性、完整性和实用性的有效方式，而且为应急各方提供了一个非常重要的协作与交流机会，有利于统一应急各方的不同观点和意见。由于应急预案编制工作组是一个临时机构，项目的组织者应具有较强的组织、协调能力，熟悉情况，能充分调动各类编制人员的积极性并发挥他们各自的特长，使编制人员通力协作，互相配合，成为一个有机整体。

3）资料收集

编制应急预案需要收集各方面的相关信息资料，如适用的法律法规、部门规章、地方性法规和政府规章、技术标准及规范性文件；企业周边地质、地形、环境情况及气象、水文、交通资料；企业现场功能区划分、建（构）筑平面布置及安全距离资料；企业工艺流程、工艺参数、作业条件、装备配置及风险评估资料；本企业历史事故与隐患、国内外同行业事故资料；属地政府及周边企业、单位应急预案等，并通过分析，从中筛选出对应急预案编制具有价值的信息，作为编制应急预案的依据。信息可以是国家权威机构公布的数据、部门或行业的信息、本地区或者企业的相关资料等。信息收集的渠道可以是公开发表的刊物，网络信息，会议交流，企业保存的档案，国家有关部门的文件、标准，同行业的资料，供应商、制造商等提供的资料。信息必须具有权威性，必须经过核实，真实有效，否则会误导应急预案的编制工作。

4）风险评估和应急资源调查

为了准确策划应急预案的编制目标和内容，应急预案编制工作组应在资料收集的基础上，开展风险评估和应急资源调查。

（1）风险评估

风险评估是应急预案编制的基础和关键过程。在辨识生产经营单位存在的危险有害因素的基础上,确定可能发生的生产安全事故类别;分析各种事故类别发生的可能性、危害后果和影响范围;评估确定相应事故类别的风险等级,撰写评估报告作为应急预案的编制依据。

(2)应急资源调查

编制应急预案要与所在区域或企业所具有的应急资源相适应,如果应急预案所需资源高于实际所具有的应急资源,将使应急预案实施起来很困难,甚至无法实施。因此,需要对应急资源进行调查。应急资源包括但不限于:本单位可调用的应急队伍、装备、物资、场所;针对生产过程及存在的风险可采取的监测、监控、报警手段;上级单位、当地政府及周边企业可提供的应急资源;可协调使用的医疗、消防、专业抢险救援机构及其他社会应急救援力量。

应急资源调查是单位建立应急组织和应急物资装备保障系统的基础,是编制应急预案的重要依据。撰写应急资源调查报告以明确应急救援的需求和不足,为应急预案的编制奠定基础。

5)编制应急预案

针对可能发生的事故,结合风险评估和应急资源调查的结果,按照《国家突发公共事件总体应急预案》、《省(区、市)人民政府突发公共事件总体应急预案框架指南》(国办函〔2004〕139号)、《生产经营单位生产安全事故应急预案编制导则》(GB/T 29639—2020)等有关规定和要求编制应急预案。

编制应急预案过程如下:首先,确定目标和行动的优先顺序;其次,确定具体的目标和重要事项,列出完成任务的清单、工作人员清单和时间表,明确风险评估中发现的问题和资源不足的解决方法;再次,编写计划,分配应急预案编制工作组每个成员相应的编写内容,确定最合适的格式,对具体的目标明确时间期限,同时为保证完成任务提供足够和必要的时间;最后为编写过程各项活动(初稿、评审、定稿)制订时间进度表。

应急预案封面主要包括应急预案编号、应急预案版本号、生产经营单位名称、应急预案名称及颁布日期。同时,应急预案应设置目次,目次中所列的内容及次序应为:批准页;应急预案执行部门签署页;章的编号、标题;带有标题的条的编号、标题(需要时列出);附件,用序号表明其顺序。

应急预案编制过程中,应注重编制人员的参与和培训,充分发挥他们各自的专业优势,使他们均掌握风险评估和应急资源调查的结果,明确应急预案的框架、应急过程行动重点以及应急衔接、联系要点等。同时,编制的应急预案应充分利用社会应急资源,考虑与政府应急预案、上级主管单位以及相关部门的应急预案相衔接。

6)桌面推演

按照应急预案明确的职责分工和应急响应程序,结合有关经验教训,相关部门及其人员可采取桌面推演的形式,模拟生产安全事故应对过程,逐步分析讨论并形成记录,校验应急预案的可行性,并进一步完善应急预案。桌面推演的相关要求参见《生产安全事故应急演练基本规范》(AQ/T 9007—2019)。

7)应急预案的评审和发布

(1)应急预案的评审

为确保应急预案的科学性、合理性以及与实际情况的符合性,应急预案编制单位或管理部门应依据我国有关应急的方针、政策、法律、法规、规章、标准和其他有关应急预案编制的指南性文件与评审检查表,组织开展应急预案评审工作,取得政府有关部门和应急机构的认可。

(2)应急预案的发布

重大事故应急预案经评审通过后,应由生产经营单位主要负责人签发实施,并报送有关部门和应急机构备案。

应急预案编制完成后,应通过有效实施确保其有效性。应急预案实施主要包括应急预案宣传、教育和培训,应急资源的定期检查落实,应急演练和培训,应急预案的实践,应急预案的电子化,事故回顾等。

3.1.4 应急预案编制的内容

1)基本内容

①应急预案发布令。宣布应急预案生效,做好各项应急准备。

②应急机构署名页。应急相关部门及负责人签名。

③应急预案分布记录页。应急预案接收部门签字。

④应急预案修改记录页。修改人签字。

⑤术语与定义等。

2)方针与原则

①阐明应对工作的方针与原则,如保护人员安全优先,防止和控制事故蔓延,保护环境,以及预防为主、常备不懈、高效协调和持续改进。应急预案编制的原则是简明扼要、明确具体(如以人为本、安全第一、统一领导、分级负责,资源共享、协同应对、依靠科学、依法规范,反应快捷、措施果断,预防为主、平战结合等)。

②列出应急预案针对的事故(或紧急情况)类型、适用范围和救援目标等。

3)应急工作策划

(1)危险辨识与评价

①确认可能发生的灾害(事故)类型、地点;

②确定灾害(事故)影响范围及可能影响的人数;

③重大危险源的数量及分布;

④根据灾害(事故)种类和后果严重度,确定应急预案编制的级别;

⑤确认地理、人文(人口)、地质、气象等信息;

⑥确认城市布局及交通情况；

⑦确认可能影响应急救援的不利因素等；

⑧形成附件。

(2)应急资源调查

调查目前相关部门(单位)和社会应急活动中可以使用或可以调动的各种资源，包括应急力量(人员)、应急设备(施)、物资等。

①基本应急装备：通信、交通、照明、防护等工具；

②专用应急救援装备：消防、医疗、应急发电、大型机械等；

③形成附件。

(3)应急机构与职责

①明确应对过程中各个特定任务的负责机构及职责；

②明确应急处置负责人和各部门负责人及职责；

③明确本区域以外能提供援助的有关机构的职责；

④明确政府和有关单位在应急处置中的职责；

⑤形成附件。

(4)应急机制

①按突发事件的严重程度建立分级响应机制和程序；

②统一领导、统一指挥、分级响应、资源共享、全体参与；

③建立预测预警机制、应急决策协调机制、应急沟通协调机制、应急社会动员机制、应急资源征用机制、责任追究机制等；

④对各应急机构的应急行动与协调活动进行总体规划并建立有效的工作机制。

(5)法律法规要求

①明确列出涉及应急救援要求的相关法律法规、规范性文件等；

②形成附件。

4)应急准备

(1)应急设备、设施、物资

①准备用于应急救援的机械与设备、监测仪器、交通工具、个体防护设备、医疗、办公室等应急设备、设施和物资；

②列出有关部门(单位)，如武警、消防、卫生、防疫等部门可用的应急设备；

③定期检查与更新；

④列出存放地点及获取方法；

⑤形成附件。

(2)应急人员的培训

①对应急人员进行有针对性的培训，并确保合格上岗；

②列出每年的培训计划；

③列出对现场应急人员进行培训的频度和程度等。

(3)应急预案演练

①表述应急预案演练的目的；

②制定每年演练计划；

③列出参加应急预案演练的有关单位；

④描述对演练结果的评价，发现应急预案存在的问题并加以解决。

(4)公众教育

①周期性宣传以及提高安全意识的方法与措施；

②宣传潜在危险的性质、疏散路线、报警和自救方法，了解各种警报的含义、应急救援的有关程序等知识。

(5)互助协议

①列出与邻近企业、消防、医疗、检测、武警、邻近城市或地区建立的互助协议；

②列出与社会专业技术服务机构、物资供应企业建立的互助协议；

③形成附件。

5)应急响应

(1)报警程序(由下到上)

事发现场的每个公民都有报警的义务，因此要明确报警方式(如电话、警报器等)、报警内容，以便报警规范化。

①确定接警的机构及原则；

②确定24小时与政府主管部门的通信、联络方式；

③制定报警信息单，详细记录事故情况，如事发地点、突发事件类型、危险物质、伤亡情况、影响范围、事态控制情况等。

(2)警报和紧急公告(由上到下)

①明确警报和紧急公告的机构和标准原则；

②明确授权发布警报和紧急公告的机构和负责人；

③明确向公众报警的标准、方式、信号等，明确各种警报信号的不同含义，协调警报器的使用及每个警报器所覆盖的地理区域等；

④发布重要的公告信息，包括自我保护、疏散路线、医院等；

⑤特殊情况下的警报，包括警报的盲区、特殊需要的人群及地点、使用机动方式协助发出警报还是逐家通报等；

⑥制定标准化或填空式公告样本。

(3)指挥与控制

①明确协调总指挥、现场应急抢险指挥；

②建立现场指挥、协调和决策程序，对突发事件进行初始评估，确认紧急状态，有效地确认响应级别（Ⅰ级、Ⅱ级、Ⅲ级响应等）和抢险救援行动指令；

③确定重点保护区域的应急行动的优先原则；

④明确指挥和协调现场各救援队伍的救援行动；

⑤合理高效地使用应急资源等。

（4）通信

①在应急救援过程中应当保证各部门通信畅通；

②规定所需的各类通信设施，确保通信器材完好；

③维护通信系统；

④设立备用通信系统。

（5）人群疏散与安置

①确定实施疏散的紧急情况；

②明确发布疏散居民指令的机构和负责人；

③预防性疏散准备、疏散区域、疏散距离、疏散路线、疏散运输工具、避难场所的规定；

④应当考虑疏散人群的数量、需要疏散的时间、可利用的时间、风向等环境变化、老弱病残等特殊人群的疏散问题等；

⑤做好疏散人群的生活安置、保障工作；

⑥明确负责执行和核实疏散居民（包括通告、运输、交通管制、警戒）的机构；

⑦核查疏散人数，记录疏散情况；

⑧明确临时安置场所的管理和运转负责部门；

⑨安排好临时安置场所的食品、水电、医疗、消毒、治安等工作；

⑩明确临时安置场所的标志。

（6）警戒与治安

①确定警戒的机构和职责；

②制定事故现场警戒和管制程序；

③交通管制、路口封锁、指挥中心警戒、事故现场警戒；

④制定对特殊设施和人群的安全保护措施（如学校、幼儿园、残疾人等）；

⑤确定决定终止保护措施的情况和规定。

（7）医疗与卫生服务

①医疗资源的数量；

②规定紧急医疗服务的组织，伤员的分类救护和转送方法；

③抢救药品，医疗器械，消毒、解毒药品等；

④急救点设置，化学品受伤和疾病感染人员的隔离、净化和治疗；

⑤死亡认定与处置；

⑥医疗人员应经过培训并掌握治疗受伤人员的正确方法等。

(8)现场监测(事态监测)

建立对事发现场监测和评估的程序,为现场的救援决策提供支持。现场监测包括事件的规模,事态的发展趋向,伤亡情况,食物、水源,环境卫生污染监测等。

(9)现场抢险与控制

①现场抢险的目标和原则;

②现场抢险的操作程序;

③现场抢险人员的要求;

④现场抢险的物资、设备要求。

针对特殊的风险如危险化学品事故、火灾等,需要采用进一步详细的抢险程序和方案,包括使用特殊的应急救援人员、专家、技术、方法、材料、设备等达到控制和消除事故的目的。

(10)应急人员安全

为保证应急人员在抢险中免受伤害,应当建立进入和离开事故现场的相关程序,保证其安全。其内容包括:进入和离开现场的标准程序,进入和离开现场的报告规定,进入和离开现场的登记规定,应急救援人员的清点规定,消毒程序,安全与卫生设备的正确配备,个人安全预防措施等。

(11)环境保护

①对可能对环境造成严重影响的重大事故,应当建立环境保护程序;

②拟定控制环境污染扩大的方案;

③及时清除污染;

④对环境污染水平的监测;

⑤对可能对公众健康造成损害的污染通告等。

(12)信息发布管理

①明确应急救援过程中与媒体和公众接触的机构及发言人,准确发布突发事件信息;

②明确信息发布的审核、批准程序和格式;

③准确通告突发事件发生、救援及人员伤亡的情况;

④为公众了解防护措施等有关问题提供咨询服务。

(13)应急资源管理

应当制定应急救援过程中各种应急救援资源供给程序,保证应急救援资源被及时合理地调配与高效使用。其内容包括:应急救援资源供给的机构、应急救援资源调用指令的响应、应急救援资源供给的记录、应急救援资源快速运抵现场的要求、应急救援设备的及时回收与清点等。

6)现场恢复与事故调查

①明确决定终止应急响应、恢复正常秩序的机构和负责人;

②宣布应急响应终止的程序；

③恢复正常状态的程序；

④现场清理及环境影响区域的污染消除与连续检测要求；

⑤事故调查与后果评价。

7) 应急预案管理

应当建立应急预案制定、修订、审核、批准和发布等程序，经常检查和修改相关内容，保证应急预案的及时更新和实效性，一般包括：

①应急人员的身份和电话；

②应急组织机构；

③应急资源的变更。

根据演练中发现和存在的问题，不断修订并完善应急预案。

8) 支持附件

①风险分析附件；

②通信联络附件；

③法律法规附件；

④应急资源附件；

⑤教育、培训、训练和演练附件；

⑥技术支持附件；

⑦互助协议附件；

⑧技术专家附件；

⑨各种表单；

⑩其他支持附件。

3.2 应急预案的评审与发布

3.2.1 应急预案评审与发布

应急预案编制完成后，应进行评审。应急预案评审的目的是确保应急预案能反映当地政府或企业经济、土地使用、技术发展、应急能力、危险源、危险物品使用、法律及地方法规、道路建设、人口、应急电话等方面的最新变化，确保应急预案与危险源相适应。评审后，按规定报有关部门备案，并经生产经营单位主要负责人签署发布。

1) 应急预案评审类型

应急预案作为重大事故应急管理工作的规范文件，一经发布，具有相当大的权威性。因此，应急管理部门或编制单位应通过应急预案评审，不断更新、完善和改进应急预案文件体系。

根据评审性质、评审人员和评审目标的不同，将评审过程分为内部评审和外部评审两类，见表 3.1。

表 3.1　应急预案评审类型

<table>
<tr><th colspan="2">评审类型</th><th>评审人员</th><th>评审目标</th></tr>
<tr><td colspan="2">内部评审</td><td>应急预案编写成员</td><td>①确保应急预案语句通畅;
②确保应急预案内容完整</td></tr>
<tr><td rowspan="4">外部评审</td><td>同行评审</td><td>具有与编制成员类似资格或专业背景的人员</td><td>听取同行对应急预案的客观意见</td></tr>
<tr><td>上级评审</td><td>对应急预案负有监督职责的个人或组织机构</td><td>对应急预案中要求的资源予以授权和作出相应的承诺</td></tr>
<tr><td>社区评议</td><td>社会公众、媒体</td><td>①改善应急预案的完整性;
②促进公众对应急预案的理解;
③促进应急预案为各社区所接受</td></tr>
<tr><td>政府评审</td><td>政府部门组织的有关专家</td><td>①确认应急预案符合相关法律、法规、规章、标准和上级政府有关规定的要求;
②确认应急预案与其他预案协调一致;
③对应急预案进行认可,并予以备案</td></tr>
</table>

(1)内部评审

内部评审是指编制工作组内部组织的评审。应急预案编制单位应在应急预案初稿编写完成后,组织编写成员对应急预案进行内部评审。内部评审不仅要确保语句通畅,更重要的是评估应急预案的完整性。编制工作组可以对照检查表检查各自的工作或评审整个应急预案,以获得全面的评估结果,保证各种类型应急预案之间的协调性和一致性。

内部评审工作完成之后,应对应急预案进行修订并组织外部评审。

(2)外部评审

外部评审是应急预案编制单位组织本城或外埠同行专家、上级机构、社区及有关政府部门对应急预案进行的评审。外部评审的主要作用是确保应急预案中规定的各项权力法制化,确保应急预案被所有部门接受。根据评审人员和评审机构的不同,外部评审可分为同行评审、上级评审、社区评议和政府评审 4 类。

①同行评审。应急预案经内部评审并修订完成之后,编制单位应邀请具有与编制成员类似资格或专业背景的人员进行同行评审,以便对应急预案提出客观意见。此类人员一般包括:

a.各类工业企业及管理部门的安全、环保专家或应急救援服务部门的专家;

b.其他有关应急管理部门或支持部门的专家(如消防部门、公安部门、环保部门和卫生部门的专家);

c.本地区熟悉应急救援工作的其他专家。

②上级评审。上级评审是指应急预案编制单位将起草的应急预案交由其上一级组织机构进行的评审，一般在同行评审及相应的修订工作完成之后进行。重大事故应急响应过程中，需要有足够的人力、装备（包括个体防护设备）、财政等资源的支持，所有应急功能（职能）的相关方应确保上述资源保持随时可用状态。实施上级评审的目的是确保有关责任人或组织机构对应急预案中要求的资源予以授权和作出相应的承诺。

③社区评议。社区评议是指在应急预案审批阶段，应急预案编制单位组织公众对应急预案进行评议。公众参与应急预案评审不仅可以改善应急预案的完整性，也有利于促进公众对应急预案的理解，使其被周围各社区正式接受，从而提高对事故的预防。

④政府评审。政府评审是指由城市政府部门组织有关专家对编制单位编写的应急预案实施审查批准，并予以备案的过程。政府对于重大事故应急准备或响应过程的管理不仅体现在应急预案编制上，还应参与应急预案的评审过程。政府评审的目的是确认该应急预案是否符合相关法律、法规、规章、标准和上级政府有关规定的要求，并与其他应急预案协调一致。一般来说，政府部门对应急预案评审后，应通过颁布法规、规章、规范性文件等形式对该应急预案进行认可和备案。

2）评审时机

应急预案评审时机是指应急管理机构、组织应在何种情况下、何时或间隔多长时间对应急预案实施评审、修订。对此，国内外相关法规、预案一般都有较为明确的规定或说明。

应急预案的评审、修订时机和频次可以遵循以下规则：

①定期评审、修订；

②根据培训和演练中发现的问题对应急预案实施评审、修订；

③评审重大事故灾害的应急过程，吸取相应的经验和教训，修订应急预案；

④国家有关应急的方针、政策、法律、法规、规章和标准发生变化时，评审、修订应急预案；

⑤危险源有较大变化时，评审、修订应急预案；

⑥根据应急预案的规定，评审、修订应急预案。

3）评审项目

为确保应急预案内容完整、信息准确，符合国家有关法律法规的要求，并具有可读性和实用性，一些发达国家和国际性组织在有关应急预案编制指南性材料中都十分强调应急预案评审或评价的作用，部分资料更是对应急预案评审的项目及各项目的评价指标进行了较为详尽的描述。

结合我国重大事故应急准备工作实际，对比分析上述有关国家和国际组织对应急预案编制和评审工作提出的要求和相关资料，重大事故应急预案评审可参考表 3.2 中所示的 4 组 31 个评审项目。

表 3.2　应急预案评审项目

应急预案类别	评审项目	评审结果	备　注
A 基本应急预案评审	A1 预案发布 A2 应急组织机构署名 A3 术语与定义 A4 相关法律法规 A5 方针与原则 A6 危险分析 A7 应急资源 A8 机构与职责 A9 教育、培训与演练 A10 与其他应急预案的关系 A11 互助协议 A12 预案管理		
B 应急功能设置评审	B1 接警与通知 B2 指挥与控制 B3 警报与紧急公告 B4 通信 B5 事态检测与评估 B6 警戒与管制 B7 人群疏散 B8 人群安置 B9 医疗与卫生 B10 公共关系 B11 应急人员安全 B12 消防与抢险 B13 泄漏物控制 B14 现场恢复		
C 特殊风险管理	C1 特殊风险 C2 特殊风险应急功能设置		
D 标准操作程序	D1 标准操作程序编制 D2 标准操作程序格式 D3 标准操作程序内容		

3.2.2　应急预案备案

《生产安全事故应急预案管理办法》（2016 年 6 月 3 日国家安全生产监督管理总局令第 88 号公布，根据 2019 年 7 月 11 日应急管理部令第 2 号《应急管理部关于修改

〈生产安全事故应急预案管理办法〉的决定》修正）对应急预案的备案作出了以下规定：

第二十五条　地方各级人民政府应急管理部门的应急预案，应当报同级人民政府备案，同时抄送上一级人民政府应急管理部门，并依法向社会公布。地方各级人民政府其他负有安全生产监督管理职责的部门的应急预案，应当抄送同级人民政府应急管理部门。

第二十六条　易燃易爆物品、危险化学品等危险物品的生产、经营、储存、运输单位，矿山、金属冶炼、城市轨道交通运营、建筑施工单位，以及宾馆、商场、娱乐场所、旅游景区等人员密集场所经营单位，应当在应急预案公布之日起 20 个工作日内，按照分级属地原则，向县级以上人民政府应急管理部门和其他负有安全生产监督管理职责的部门进行备案，并依法向社会公布。

前款所列单位属于中央企业的，其总部（上市公司）的应急预案，报国务院主管的负有安全生产监督管理职责的部门备案，并抄送应急管理部；其所属单位的应急预案报所在地的省、自治区、直辖市或者设区的市级人民政府主管的负有安全生产监督管理职责的部门备案，并抄送同级人民政府应急管理部门。本条第一款所列单位不属于中央企业的，其中非煤矿山、金属冶炼和危险化学品生产、经营、储存、运输企业，以及使用危险化学品达到国家规定数量的化工企业、烟花爆竹生产、批发经营企业的应急预案，按照隶属关系报所在地县级以上地方人民政府应急管理部门备案；本款前述单位以外的其他生产经营单位应急预案的备案，由省、自治区、直辖市人民政府负有安全生产监督管理职责的部门确定。

油气输送管道运营单位的应急预案，除按照本条第一款、第二款的规定备案外，还应当抄送所经行政区域的县级人民政府应急管理部门。

海洋石油开采企业的应急预案，除按照本条第一款、第二款的规定备案外，还应当抄送所经行政区域的县级人民政府应急管理部门和海洋石油安全监管机构。

煤矿企业的应急预案除按照本条第一款、第二款的规定备案外，还应当抄送所在地的煤矿安全监察机构。

3.2.3　应急预案的发布实施

应急预案的发布实施是应急预案管理工作的重要环节。应急预案发布实施后，应急管理部门应做好以下 6 个方面的工作：

1）应急预案的宣传、培训

应急预案管理部门应当广泛宣传应急预案，使普通公众了解应急预案中的有关内容。同时，积极组织应急预案培训工作，使各类应急人员掌握、熟悉或了解应急预案中与其承担职责和任务相关的工作程序、标准等内容。

2）应急资源的检查落实

应急预案管理部门应根据应急预案的要求，定期检查落实本部门应急人员、设施、设备、物资等应急资源的准备情况，识别额外的应急资源要求，确保应急资源随时能用。

3)应急预案的演练

应急预案管理部门应当积极组织开展或者参加各类应急预案演练,及时发现应急预案、工作程序和应急资源准备中的缺陷和不足,明确相关机构和人员的职责,改善不同机构和人员之间的协调问题,检验应急人员对应急预案、应急程序的了解程度和操作技能的掌握程度,评估应急培训效果,分析培训要求,同时促进公众、媒体对应急预案的了解,争取其对应急工作的支持,使应急预案有机地融入应急保障工作中去,真正将应急预案的要求落到实处。

4)应急预案的实践

应急预案管理部门应当在突发事件应对工作中积极运用应急预案,开展应急决策,指挥和协调相关机构和人员的应急行动,从实践中检验应急预案的实用性,检验各应急机构之间的协调能力和应急人员对实际操作技能的掌握程度,发现应急预案、工作程序、应急资源准备中的缺陷和不足,以便修订、更新相关的应急预案和工作程序。

5)应急预案的电子化

应急预案的电子化将使应急预案更易于管理和查询。在应急预案实施过程中,应当充分利用计算机及现代信息技术,实现应急预案的电子化。尤其是包含大量信息数据的应急预案的支持附件,是应急预案电子化的主体内容,在结合地理信息管理系统应用的基础上,将对应急工作起到重要的支持作用。

6)应急预案的总结评估

应急预案管理部门应当积极收集突发事件信息,积极开展应急预案总结工作,评估应急过程中的不足和缺陷,总结经验和教训,为应急预案的修订和更新提供依据。

3.3 应急预案的评估与管理

应急预案发布实施后,必须进行系统的评估与管理。事实证明,坚持不懈地抓好应急预案的评估与管理,是应急预案发挥应有作用、达到预期效果的重要保证。应急预案的评估与管理主要包括应急预案评估、宣传、培训、演练、考核、数字化建设等方面,不仅包含内容多,又各自具有相对独立性。

3.3.1 应急预案的评估

应急预案是事前根据突发事件一般特点和经验教训编制的,带有主观性,与事实必然存在差距,因此需要定期对应急预案进行评估,适时进行修订,使之更加完善,符合实际工作要求。而一套完整的评估体系,应当回答“为什么评估、评估什么、谁来评估、如何组织评估、怎样评估、评估结果如何”等一系列问题。一般来说,应当包括应急预案的评估目的、应急预案的评估方法与步骤等基本要素。

1)应急预案的评估目的

评估是一种辅助性活动,主要目的是服务于所评估的对象。

(1)评估的对象

评估的对象即评估什么的问题。评估是一个客观见诸于主观的过程,也是知识发现和信息扩散的过程,因此可具有多种视角,也可有多种关注对象。清晰明确的评估对象能够使评估目的充分体现在评估框架和评估体系中,使评估的结果便于实际应用。

(2)评估的主体

评估的主体即谁来评估的问题。评估体系的建立围绕如何组织评估而展开,其基本问题是由谁负责组织评估,哪些人或部门参加评估。评估的主体又可分为组织者和实施者。按评估主体来源的不同,可分为内部评估与外部评估。

(3)评估的流程

评估的流程即如何评估的问题,是评估顺利开展的制度保证。评估周期是多长时间、评估程序是怎样的、评估报告应该给谁、如何处理等,都需要规范。评估流程的合理性影响评估结果的客观公正,也影响评估成果的有效实施。评估的流程设计服务于评估目的,同时受评估原则的限制。

(4)评估的指标体系

评估的指标体系即怎样评估的问题。从哪些方面对评估对象进行评价,指标体系是否合理、全面,关系到评估的质量。同时,指标体系还包括评估方法的确定,即用什么方法对评估指标进行统计、分析和说明。

(5)评估的结果

评估的结果,即评估报告、改进行动等,一般包括直接成果(评估报告)和间接成果(以评估成果为依据所采取的改进行动或责任追究等)。评估的目的不仅是得到对事实状况的描述,而且是在对评估结果进行鉴别和分析的基础上,及时有效地贯彻改进方案。这就需要有一个强有力的组织或部门,负责改进方案的有效实施。

2)应急预案的评估方法和步骤

(1)制定评估方案

在评估方案中确定评估目的,评估小组的牵头部门、参加部门和专家,评估工作的原则、重点、方法、时间等内容,并在实施时根据需要进行调整。

(2)对应急预案体系开展系统的调查研究

根据应急预案所针对的突发事件种类,选择具有针对性、实用性和操作性的评估方法,如实地考察,阅读资料,召开不同形式、类型、层面的座谈会探讨应急预案的可行性。通过问卷调查或抽样调查,自下而上或自上而下,点面结合地对应急预案的可行性进行准确判断。当然,上述方法既可单独使用,也可结合使用。

(3)结合实例进行应急预案评估

评估应急预案时必须结合具体的事例,对应急措施进行逐项分析,具有针对性、说服力，符合逻辑，用事实说话。应急预案的评估应当客观、公正、全面。评估应急预案，既要对应对工作可行性作出总体评价，又要对重点应对工作作出评价。评估既要肯定成绩，又要指出问题，还要提出改进意见和建议。

3.3.2 应急预案的管理

1）应急预案的宣传

应急预案的宣传工作是保证应急预案贯彻实施的重要手段，也是提高事故防范能力的重要途径。各类生产经营单位要按照《关于加强安全生产应急管理工作的意见》（安监总应急〔2006〕196 号）和《关于加强安全生产应急管理培训工作的实施意见》（安监总应急〔2007〕34 号）要求，采取不同方式开展安全生产应急管理知识及应急预案的宣传教育和培训工作，使应急预案相关职能部门及其人员提高危机意识和责任意识，明确应急工作程序，提高应急处置和协调能力，在此基础上，确保所有从业人员具备基本的应急技能、熟悉企业应急预案、掌握本岗位事故防范措施和应急处置程序，提高应急水平。

应急预案操作性、实用性很强，且应急响应行动需要广大公众的大力支持和积极参与。对于公众应了解和参与的应急预案，相关部门（单位）可以通过行政手段使大众了解相关内容，也可以借助媒体的力量，如在电视台设立应急知识讲座、在平面媒体开设宣传专栏等。对涉密内容，可制发应急预案简本，公布不涉密的内容，使公众了解应急预案中的有关内容。另外，可开展应急救援法律法规，事故预防，避险、避难、避灾，自救、互救等应急知识的宣传普及活动，提高公众的安全意识和应急救援能力。

2）应急预案的培训

应急预案培训是应急管理队伍建设的基础性工作，也是提高各级领导干部、专兼职应急管理人员等应对突发事件的整体素质和业务能力的重要途径。

应急预案的主要责任单位每年应组织 1~2 次应急预案培训，相关责任单位也应在职责范围内组织培训。应急管理机构应制定应急预案的培训大纲，定期组织党政领导和应急管理人员、基层单位负责人、专业救援人员等开展培训。同时，可根据不同的培训目标、对象和内容，分别研究制定培训质量评估和考核制度，纳入现行的干部教育培训考核体系，并适时开展检查，使其掌握安全生产事故的紧急处置方法，增强自救互救和第一时间处置突发事件的能力。

应急预案培训的重点应放在应急管理工作指导思想和与相关单位或部门有关的应急行动计划的关键部分。但也有必要了解整个应急预案，以保证参加培训的人员具有大局意识。

应急培训部门或单位可以邀请公安消防部门参加他们自己的专业应急预案培训课程。应急管理人员也可以参加消防部门组织的应急预案培训。这种培训能够帮助消防队员了解他们在协作应急中的作用，也促使应急管理人员与消防队员和培训主管人员加强联系与交流。

当突发事件发生时，期望现场群众能迅速采取某些行动或遵从应急管理人员的指挥，因此群众也应成为应急预案培训计划的一部分。与群众交流的主要方式是书面材料（招贴画、报纸和传单）、电视（宣讲、通告、座谈和专访）、广播（宣讲、座谈）、有线电视（相关工作人员正面宣讲、播放培训录像带）、网络（宣讲视频、各类媒体资料）以及报告会（学校、社区组织）等。

3）应急预案的管理考核

开展应急预案管理考核工作，可建立目标管理责任制，各级应急管理机构会同应急预案主责单位开展检查，对应急预案执行情况予以奖励或责任追究，以有效推进工作，加强相互联系，落实应急预案中规定的各项内容。应急预案管理工作的考核，既可与应急管理综合考核结合进行，也可由主责单位对各责任部门进行考核。

3.3.3 应急预案的演练

应急预案编制完成后，应当定期或不定期地组织演练，磨合、协调应急预案的运作，检验应急预案实施的效果，发现存在的问题，通过持续改进，使之不断完善。

应急预案发布后并不能立即使个人、单位和相关部门对突发事件作出有效地响应。经验表明，如果应急人员和公众不能充分理解应急响应的每项职责和步骤，在进行应急救援时，就会出现严重的问题。为提高应急救援人员的技术水平和救援队伍的整体能力，以便在救援行动中达到快速、有序、有效的效果，经常性地开展应急预案演练应成为应急救援队伍的一项重要的日常性工作。

应急预案演练是指来自多个机构、组织或群体的人员，根据编制的应急预案，针对假设发生的事件，执行突发事件发生时各自职责和任务的排练活动。这是检测应急管理工作和应急预案完善与否的最好的度量标准，具有十分重要的意义和作用。

1）验证和改善应急预案的可行性与实效性

通过演练，应急预案的各组成部分或整体能否有效地付诸实施可以得到检验，应急预案的实施效果可以得到验证，应急措施的适应性和针对性、应急通信系统的可靠性、应急机构与人员之间的协同性、应急准备工作的充分性均可得到实际演练的检查和证实。只有通过演练，才能真正地发现应急预案中存在的问题，才能对需要改善的地方进行及时修改和完善，才能确保应急预案更加符合客观实际情况，其可行性与实效性才能得到提高。

2）使应急机构与人员得到锻炼

应急预案演练使参与者得到了相应的锻炼，了解了突发事件发生时可能遇到的危险以及自身应采取的应对措施。通过演练，可以让人们了解其现有知识和技能与正确应对突发事件要求的差距，从而提前做好补救措施，避免遭遇突发事件时的手足无措。

3）增强人们应对突发事件的信心

通过演练，不但使人们掌握了应对突发事件的相关知识，还使人们意识到突发事件已经得到上层组织的高度重视,并为此作出相应的准备;另外,在事发前暴露应急预案及其程序的缺点,辨识出缺乏的资源(包括人力和设备),有助于避免事件突发时相关资源不到位的问题。因此,一旦突发事件真正发生,人们在心理上不会受到过大冲击,克服困难的信心和心理承受能力均会增强。

4)检验和强化相关部门及应急人员的协同配合能力

应急预案演练可增强政府、企业、社区等之间的协调与合作,检验相关部门及其人员的协同配合能力。各种相关应急系统(如中心指挥系统、消防系统、通信与联络系统、医疗急救系统)等的有效配合是应对突发事件的关键之一,通过演练,各相关部门和系统可以各司其职,保证在最短的时间内发挥其职能,提高整体应急反应能力。

3.4 应急预案的修订

随着社会、经济和环境的变化,应急预案中包含的信息可能会发生变化。因此,应急组织或应急管理机构应定期或根据实际需要对应急预案进行评审、检验、更新和完善,以便及时更换变化或过时的信息,并解决应急预案演练和实施中反映出的问题。

当出现以下情况时,应进行应急预案的修订:

①法律、法规的变化;

②需对应急组织和政策作出相应的调整和完善;

③机构或部门、人员调整;

④通过日常演练和实际安全生产事故应急反应取得了启发性经验;

⑤需对应急反应的内容进行修订;

⑥应急预案生效且执行时间超过 5 年;

⑦其他情况。

应急预案管理部门应根据应急预案评审的结果、应急演练的结果及日常发现的问题,组织人员对应急预案进行修订、更新,以确保应急预案的持续适宜性。同时,修订、更新的应急预案应通过有关负责人员的认可,并及时进行发布和备案。

3.4.1 应急预案修订的指导思想

坚持以人为本,树立全面、协调、可持续的科学发展观,遵循预防为主、常备不懈的方针,按照统一领导、分级管理,条块结合、以块为主,职责明确、规范有序,结构完整、功能全面,反应灵敏、运转高效的思路,制定和完善突发事件的应急预案,建立健全各种预警和应急机制,提高组织应对突发事件的能力,保障人民群众的生命财产安全、社会政治稳定和国民经济的持续、快速、协调、健康发展。

3.4.2 应急预案修订的工作原则

1)以人为本,健全机制

要把保障人民群众的生命安全和身体健康作为应急工作的出发点和落脚点,最大限度地减少突发公共事件造成的人员伤亡和伤害。要不断改进和完善应急救援的装备、设施和手段，切实加强应急救援的科学指挥和应急救援人员的安全防护。要充分发挥人的主观能动性，充分依靠各级领导、专家和群众，充分认识社会力量的基础性作用，建立健全组织和动员人民群众参与应对突发公共事件的有效机制。

2)依靠科学，依法规范

制定、修订应急预案要充分发挥社会各方面尤其是专家的作用，实行科学民主决策，采用先进的预测、预警、预防和应急处置技术，提高预防和应对突发公共事件的科技水平，提高应急预案的科技含量。应急预案要符合有关法律、法规、规章，与相关政策相衔接，与完善政府社会管理和公共服务职能、深化行政管理体制改革相结合，确保应急预案的全局性、规范性、科学性和可操作性。

3)统一领导，分级管理

在国务院统一领导下，组织有关部门、单位制定和修订本部门的突发事件应急预案。要按照分级管理、分级响应和条块结合、以块为主的原则，落实各级应急响应的岗位责任制，明确责任人及其指挥权限。

4)加强协调配合，确保快速反应

应急预案的制定和修订是一项系统工程，要明确不同类型突发事件应急处置的牵头部门或单位，其他有关部门和单位要主动配合、密切协同、形成合力；要明确各有关部门和单位的职责和权限；涉及关系全局、跨部门、跨地区或多领域的，应急预案制定、修订部门要主动协调有关各方；要确保突发公共事件信息及时准确传递，应急处置工作反应灵敏、快速有效。

5)坚持平战结合，充分整合现有资源

要经常性地做好应对突发事件的思想准备、预案准备、机制准备和工作准备，加强培训演练，做到常备不懈。按照条块结合、资源整合、降低行政成本的要求，充分利用现有资源，避免重复建设，充分发挥我国社会主义制度集中力量办大事的优越性。

6)借鉴国外经验，符合我国实际

认真借鉴国外处置突发事件的有益经验，深入研究我国实际情况，切实加强我国应急能力和机制的建设，提高应急管理水平。

3.4.3 应急预案修订的内容和范围

本应急预案所称突发事件是指突然发生，造成或者可能造成重大人员伤亡、重大财产损失、重大生态环境破坏和对全国或者一个地区的社会经济稳定、政治安定构成重大威胁或损害，有重大社会影响的涉及公共安全的紧急事件。

随着形势的发展变化，今后还会出现一些新情况，突发事件的类别和内容将适当调整。各部门、单位应通过总结分析近年来国内外发生的各类突发事件及其处置过程中的经验、教训，按照全面履行政府职能，加强社会管理的要求，在现有工作的基础上，结合本部门实际，制定、修订相应的应急预案。

3.4.4 应急预案修订的要求

应急预案制定机关或者单位应按照有关法律、法规、规章等规定，定期或适时修订应急预案。一般来说，至少3年要修订一次应急预案，而且在应急处置或应急演练结束后，应及时对应急预案进行评估，总结经验教训，提出修订建议。应急预案制定机构或单位修订应急预案时，应在风险分析和应急能力评估后，按照程序重新进行编制、审议、批准、备案和发布。各级政府应急管理机构应对有关应急预案的修订情况进行监督检查，对未按要求定期或适时修订应急预案的，应责令纠正。

应急预案需要修订时，除较小的局部变动外，应按原制定程序予以修订。其具体要求如下：

①在重新调整应急预案时，除对发生变化的情况做深入细致的了解外，对其他情况也要予以考察，注意局部变化对全局的影响。

②对于局部变化的，可做局部调整；对于整体发生变化的，考虑各方面的统一调整，必要时废除原方案，重新制定。

③基于多方面因素，有些应急预案一时难以修订时，可根据实际情况适时地制定一些临时性应急措施，待条件成熟后及时补充。

④对于应急预案的修订情况，应及时报告上级有关部门，经过修订或重新制定的应急预案，也要重新报上级部门审核批准。

⑤应急预案的撤销权限与审核权限相同。因为内容修订而作废的应急预案应指定专人进行销毁，电子文档应予以永久性删除。

3.4.5 需要注意的几个问题

①紧紧围绕应急工作体制、工作运行机制和法制建设等方面制定、修订应急预案。体制方面主要是明确应急体系框架、组织机构和职责，强调协作，特别要落实各级岗位责任制和行政首长负责制。运行机制方面主要包括预测预警机制、应急信息报告程序、应急决策协调机制、应急公众沟通机制、应急响应级别确定机制、应急处置程序、应急社会动员机制、应急资源征用机制和责任追究机制等内容。同时，应急预案工作要与加强法制建设相结合，要依法行政，努力使突发公共事件的应急处置逐步走向规范化、制度化和法制化轨道，并注意通过对实践的总结，促进法律、法规和规章的不断完善。

②协作配合部门或单位制定的配套预案，可作为主管部门应急预案的附件，建立跨部门的信息与技术资源共享机制。

③按照分级管理、分级响应的原则，结合突发公共事件的严重性、可控性，所需动用的各类资源，影响区域范围等因素，分级设定启动应急预案的级别。

④突发公共事件的新闻报道要按照及时主动、准确把握、正确引导、讲究方式、注

重效果、遵守纪律、严格把关的原则进行,具体要求详见《中共中央办公厅　国务院办公厅关于进一步改进和加强国内突发事件新闻报道工作的通知》(中办发〔2003〕22号)和《国务院办公厅关于改进和加强国内突发事件新闻发布工作的实施意见》(国务院办公厅2004年2月11日印发)。

⑤在应急预案制定和修订过程中要按照决策民主化、科学化的原则,广泛征求社会各界和专家的意见。

⑥正确处理日常安全防范、安全生产工作和应急处置突发公共事件工作的关系;正确处理内部规章制度(如防火、保密、安全等)和突发公共事件应急预案的关系。

⑦应急预案要及时修订,不断充实、完善和提高。每一次重大突发公共事件发生后,都要进行应急预案的重新评估和修订。

⑧应急预案正文前应有总目录,并就应急预案的整体情况作简要说明。按国务院办公厅统一行文规定的要求打印,并按有关规定标注密级。

第4章　高速公路应急预案编制实务

高速公路应急预案的体系一般由综合应急预案、专项应急预案和现场处置方案构成。相关单位应针对各级各类可能发生的事故和所有危险源编制专项应急预案和现场应急处置方案，并明确事前、事发、事中、事后的各个过程中相关部门和有关人员的职责。

4.1　风险评估和应急资源调查

在编制高速公路应急预案前，需要进行风险评估和应急资源调查。通过风险评估和应急资源调查，可以明确管理区域的危险源分布和突发事件类型，为应急预案中的预防与预警准备、应急处置流程、应急组织职责确定、联动程序设计做好准备工作。

4.1.1　风险评估的内容

风险评估是应急预案编制的基础，更是减少或避免事故不可缺少的环节。如果风险评估出现遗漏，就不可能在综合应急预案中列出相应的预警措施，也不可能制定出正对事件类型的应急预案。高速公路风险评估的主要内容包括人、车辆、道路与附属设施、管理、气候等方面，具体包括：

1）人

占道行驶、超速行驶、临时停靠、违章超车、违章超载、车辆逆行、驾驶员心理素质差、驾驶员生理条件差、疲劳驾车、酒后驾车等。

2）车辆

车况差、超载行驶、车辆准入制度执行不严、车辆老化等。

3）道路与附属设施

路面坑槽，安全设施不完善、设置不合理，暴雨、洪水、雪灾、冰冻、大雾、沙尘暴、高温，桥梁垮塌、隧道垮塌，山体滑坡、泥石流，化学危险品泄漏、爆炸，通行设备失电，路面障碍物、路面行人、树木挡道等。

4）管理

车辆安全管理制度缺陷、道路交通违章控制不力、突发事件交通管制错误、应急救援不及时、高速公路专业人员缺乏、管理制度不完善、巡查不到位、应急机构联动困难等。

以上高速公路风险评估分类还可进一步细分，如车况差还可以细分为车辆制动控制失灵、车辆轮胎老化、车辆方向失灵等；山体滑坡还可细分为岩石开裂、岩石剪切挤压、泥土长时间浸泡、暴雨、山体植被破坏等。前一种车况差,在交通部门工作中很少涉及,其分类基本没有必要,而山体滑坡的征兆往往可通过养护巡查发现,在预案编制中可进一步细分,以做好预防与准备工作。因此,在高速公路管理机构应急预案编制中,危险源是否细分还需要依据应急预案类型和实际需要具体操作。

4.1.2 风险评估分析法

风险评估的方法包括直接经验法和系统安全分析法。

1)直接经验法

(1)对照、经验法

对照、经验法是指对照有关标准、法规、检查表或依靠分析人员的观察分析能力,借助于经验和判断能力直观地评价对象危险性和危害性的方法。经验法是风险评估中常用的方法,其优点是简便、易行;缺点是受评估人员知识、经验和占有资料的限制,可能出现遗漏。为弥补个人判断的不足,可采取会议的方式来相互启发、交换意见、集思广益,使危险、危害因素的评估更加细致、具体。此外,还可对照高速公路日常使用的事故隐患检查表或安全生产检查表来评估风险因素,这些检查表可弥补知识、经验不足的缺陷,具有方便、实用、不易遗漏的优点。

(2)类比方法

类比方法是利用其他高速公路或交通系统已经发生的突发事件类型,或职业安全健康的统计资料来类推、分析评价对象的危险因素。该方法主要用于开通不久或通行环境较为特殊的高速公路。

2)系统安全分析法

系统安全分析法即应用系统安全工程评价方法进行风险评估,该方法适用于复杂系统、没有事故经验的新开发系统。常用的系统安全分析方法有事件树分析(ETA)法与故障树(FTA)分析法等。

(1)事件树分析法

事件树分析是一种从原因推论结果的系统安全分析方法。它在给定一个初因事件前提下,分析此事件可能导致的后续事件的结果。整个事件序列成树状。

事件树分析法着眼于事故的起因,即初因事件。当初因事件进入系统时,与其相关联的系统各部分和各运行阶段机能的不良状态会对后续一系列机能维护的成败产生影响,并确定维护机能所采取的动作,根据这一动作把系统分成在安全机能方面的成功与失败,并逐渐展开成树枝状,在失败的各分支上假定发生的故障、事故的种类,分别确定它们的发生概率,并由此求出最终的事故种类和发生概率。其分析步骤大致为:确定初始事件→判定安全功能→发展事件树和简化事件树→分析事件树→事件树的定量分析。

事件树分析法适用于多环节事件或多重保护系统的风险分析和评价,既可用于定性分析,也可用于定量分析。

(2)故障树分析法

故障树分析是安全系统分析、风险评价常用的一种分析方法。

FTA 把系统可能发生的某种事故与导致事故发生的各种原因之间的逻辑关系用一种称为故障树的树形图表示,通过对故障树的定性与定量分析,找出事故发生的主要原因,为确定安全对策提供可靠依据,以达到预测与预防事故发生、提高系统可靠性和本质安全的目的。

①故障树最基本的符号有:

a.矩形符号(a):表示顶上事件(T)或中间事件(Mi),将事件简明扼要地记入矩形框内。

b.圆形符号(b):表示基本(原因)事件(Xi),它表示最基本的事件,不能再继续往下分析了。

c.屋形符号(c):表示正常事件,是系统在正常状态下发生的正常事件。

d.菱形符号(d):表示省略事件(Xi),即表示不能再分析,或没有必要再分析下去的事件。

e.与门符号(e):表示在输入事件 B1、B2 同时发生的情况下,输出事件 A 才会发生的连接关系。

f.或门符号(f):表示在输入事件 B1 或 B2 中,任何一个事件发生都可以使事件 A 发生。

②最小割集。割集是事故中某些基本事件的集合,当这些基本事件都发生时,顶上事件必然发生。如果割集中任意除去一个基本事件就不再是割集,则这样的割集称为最小割集,也就是导致顶上事件发生的最低限度的基本事件的组合。通过最小割集可以发现系统的最薄弱环节,为诱因结构的确定提供依据。按其包含的基本事件的个数,将最小割集分为单事件割集、双事件割集以及多事件割集。

③最小径集。所谓径集指的是故障树中某些基本事件的集合,当这些基本事件都不发生时,顶上事件必然不发生。因此,系统的径集代表了系统的正常模式,即系统成功的一种可能性。如果在某个径集中任意除去一个基本事件就不再是径集了,这样的径集就称为最小径集。换句话说,也就是不能导致顶上事件发生的最低限度的基本事件组合。

④结构重要度分析。结构重要度分析是分析基本事件对顶上事件的影响程度。它是为改进系统安全性提供信息的重要手段。故障树中各基本事件对顶上事件的影响程度不同。从故障树结构上分析各基本事件的重要度(不考虑各基本事件的发生概率)或假定各基本事件发生概率相等,分析各基本事件的发生对顶上事件发生的影响程度,称为结构重要度。在少事件割集中出现次数少,多事件割集中出现次数多,以及它的复杂情况,可用近似判别式。

$$I(i) = \sum \mathrm{X}i(1/2)^{n-1}$$

式中　$I(i)$——基本事件 Xi 的结构重要系数近似判别值;

n——基本事件 X 所在割集中基本事件的个数。

$$I(1)=I(3)>I(4)>I(2)>I(5)$$

在用割集判断基本事件结构重要系数时,必须按上述原则进行,先判断近似式是迫不得已而为之,不能完全用它。

通过风险评估,可以确定组织安全运营中面临的各类危险源,但在众多的危险源中,哪些是导致事件频发的重要因素,还需要对其进行分析,采用风险评估表可以有效解决这个问题。

表 4.1　风险评估表

危险源名称	发生的可能性		危害性		可导致的事件类型
	高(5 分)	低(1 分)	高(5 分)	低(1 分)	

通过表 4.1 中危险源发生的可能性与危害性,风险评估人员可得到众多危险源的两类排序结果。得分较高的危险源是应急预案编制中预防与预警准备的主要对象。另外,依据经验可以将排列在前的若干种危险源对应的事件列为高速公路潜在的主要突发事件。

4.1.3　潜在突发事件辨识与方法

除了采用风险评估表找到主要的潜在突发事件外,还可以通过分析来确定事件。这些事件应包括那些已由地方应急管理机构辨识的突发事件。应同时考虑以下两个方面的内容:单位可能发生的突发事件和所在地区可能发生的突发事件。在考虑以上两个方面内容的基础上,应特别考虑以下 4 个方面的突发事件:

①所处地理位置可能发生的突发事件,如公路水毁、桥梁垮塌、隧道失火、路面冰冻、大风、雨雪、大雾、暴雨、节假日拥堵等。

②技术原因导致的突发事件。运载工具失效可能导致的紧急事件,如火灾、爆炸、危险化学品事故、交通事故等。

③人为失误导致的突发事件,如交通事故、危险化学品泄漏、收费站停电、交通拥堵、火灾、群体性事件等。

④单位设计、建造不当导致的突发事件,如危险化学品事故、交通事故等。

在应急分析中,面对可能发生的紧急事件,由于数据资料不全可能只能采用定性分析的方法。而定性分析方法中较为有效的一种则是通过征询企业内外的有关专家确定潜在紧急事件的专家意见法。头脑风暴法和德尔菲法是较为常见的两种方法。

头脑风暴法(Brain Storming)的具体实施过程如下:应急管理小组邀请内外部有关方面的专家聚集一堂,向他们介绍相关情况,请专家各抒己见,各自提出自己的观点与看法。通过与会专家的启发和相互影响,使所有的与会专家都能开动脑筋,将注意力集中到对潜在紧急事件的风险分析上。头脑风暴法是为与会专家提供一个自由宽松的环境,让他们大胆地提出自己的想法,因此会议主持人要努力营造这样一个氛围:会议时间不应开得太长,要保持与会专家头脑清晰、精力充沛;同时注意在专家发言时,尽可能避免被他人打断,或遭受他人批评而失去积极性。当所有专家都发表完自己的观点后,再由会议主持人统一归纳这些意见,并逐一讨论,最终形成对潜在紧急事件的基本结论。头脑风暴法有助于组织发现那些平时容易被忽视的潜在紧急事件。

德尔菲法(Delphi Method)是通过函寄法收集汇总专家意见。在对潜在紧急事件的分析过程中,该方法采用匿名的方式征求有关专家意见,在向专家发送背景资料的基础上,请各位专家根据自己的判断写出对潜在事件的看法,然后将意见寄给应急管理小组。应急管理小组在对所有的专家意见汇总、整理之后,再将汇总、整理的结果分别反馈给每一位专家,作为重要的参考资料,要求他们重新斟酌自己的意见,重新进行判断,必要时还可以请他们解释为什么自己的估计与大多数人的意见不一致,如此反复,专家的意见将趋于一致。随着互联网发展,可以有效地实现德尔菲法与计算机技术的结合。各位专家通过计算机接收相关的背景资料,将自己的看法输入计算机并传递给应急管理小组,计算机将所有专家意见汇总后再传给各专家作为重新评判的参考依据。通过多次反复得出最终结论。

头脑风暴法和德尔菲法也可用于企业的风险评估中。

4.1.4 潜在突发事件发展趋势判断

通过头脑风暴法与德尔菲法,可以得到高速公路管辖区域内的潜在突发事件类型。仅依据这些事件的类型,无法判断出事件的发展趋势,即不能提出应急处置措施的逻辑先后次序。高速公路的突发事件往往容易导致次生事件,如山体滑坡容易导致公路交通拥堵,危险化学品泄漏事件极易导致公路拥堵和人身伤亡,而高速公路交通部门往往不能独自应对这些次生事件。因此,分析事件发展的趋势,提出相关的应急联动措施,有助于交通部门内部应急处置程序和外部联动程序的确定。突发事件的趋势分析是在经验判断的基础上,利用情景分析方法对该事件导致的次生事件进行判断,并清晰描述各类次生事件发展逻辑过程的活动。例如,高速公路危险化学品泄漏事故发生后,将导致人员伤亡和高速公路车辆拥堵,进而导致交通管制,最后导致收费广场拥堵等一系列次生事件,如图 4.1 所示。

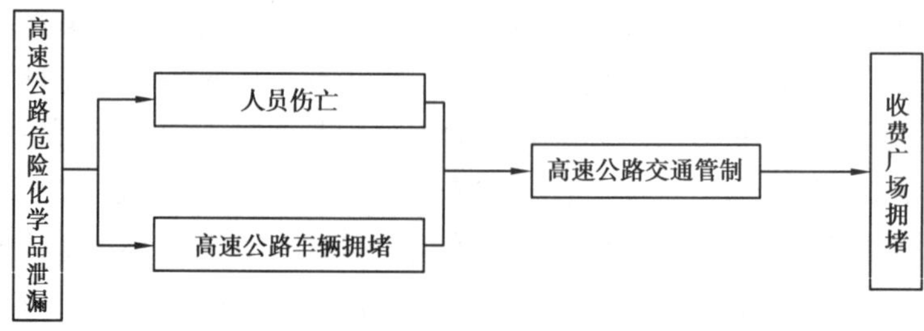

图 4.1　危险化学品事故发展趋势图

通过以上分析，可以基本确定突发事件的发展过程；通过这些次生事件的逻辑顺序，可以进一步确定各事件的应急处置部门，从而为应急响应和应急处置的编写打下基础。

4.1.5 组织应急资源调查

通过突发事件的发展趋势分析，可以确定相应的应急处置机构，这些组织能否有效处置这些事件，应急资源在应急管理中往往最为关键，需对应急资源进行调查。应急资源调查又包括内部应急资源调查和外部应急资源调查两类。

1）内部应急资源调查

内部应急资源主要包括应急人员、应急装备、应急技术等。

（1）应急人员

应急人员应涉及以下人员：应急指挥人员、应急处置小组、应急资源管理人员、专业技术人员、信息传递人员等。

（2）应急装备

高速公路应急装备包括防护服、工程设备、铁锹、融雪剂、电锯、发电机、交通车、牵引车等。

2）外部应急资源调查

突发事件的发生可能不仅仅影响企事业单位自身，而且一个单位的应急资源是有限的，当突发事件发生时，有很多外部资源可用于应急管理中。高速公路交通应急组织所涉及的外部应急机构包括地方应急管理机构、消防部门、危险化学品处置部门、医疗机构、环保部门等。

4.2 综合应急预案编制实务

4.2.1 综合应急预案的适用范围及编写要求

高速公路综合应急预案是总体、全面的预案，是从总体上阐述事故的应急方针、政策，应急组织机构及相关应急职责，应急行动、措施和保障，应急预案培训、演练和管理规定等基本要求和程序，是应对各类事故的综合性文件。

编写综合应急预案时，首先应保证其具有全面性和系统性。综合应急预案应考虑路段的所有危险源，要涵盖本高速集团可能或易发频发的各类突发事件，基本内容包括组织保障、应急队伍组建、信息报告、群众预防和自救、处置工作分工、处置工作流程、应急保障、灾后恢复重建和善后处理等。另外，综合应急预案内容应简洁明了、职责分工明确，必须明确应急救援队伍和应急值班队伍的职责、装备配备的具体数量及存放地点、处置工作的具体步骤和流程等，具有针对性、适用性、可操作性，突出实用、管用、实效，并注意与上级预案进行有效衔接。

其次，综合应急预案不对具体的应急救援程序和应急处置作出详细规定（综合应急预案、专项应急预案以及现场处置方案合并编写的除外),而是侧重于应急救援活动的组织协调,对各项救援活动作出概括和提炼,对编写其他预案提供框架。

4.2.2　综合应急预案的编制内容

综合应急预案的内容构成详见表4.2,下面分别介绍各构成项目编制的内容及要求。

表4.2　高速公路事故应急预案构成及内容要求

序　号	构成项目		内容及要求
1	总则	编制目的	简述应急预案编制的目的、作用等
		编制依据	简述应急预案编制所依据的法律法规、规章,以及有关行业管理规定、技术规范和标准等
		使用范围	说明应急预案适用的区域范围,以及事故的类型、级别
		应急预案体系	说明高速公路应急预案体系的构成情况
		应急工作原则	说明高速公路应急工作的原则,内容应简明扼要、明确
2	组织机构及职责	应急组织体系	明确应急组织形式、构成单位或人员,并尽可能以结构图的形式表示出来
		指挥机构及职责	明确应急救援指挥机构总指挥、副总指挥、各成员单位及其相应职责。根据事故类型和应急工作的需要,应急救援指挥机构可设置相应的应急救援工作小组,并明确各小组的工作任务和职责
3	预防与预警	危险源控制	明确对危险源监测监控的方式、方法,以及采取的措施
		预警行动	明确事故预警的条件、方式、方法和信息的发布程序
		信息报告与处置	按照有关规定,明确事故及未遂伤亡事故信息报告与处置方法。 ①信息报告与通知:明确24小时应急值守电话、事故信息接收和通报程序; ②信息上报:明确事故发生后向上级主管部门和地方人民政府报告事故信息的流程、内容和时限; ③信息传递:明确事故发生后向有关部门和单位通报事故信息的方法和程序

续表

序　号	构成项目		内容及要求
4	应急响应	响应分级	针对事故危害程度、影响范围和单位控制事态的能力，事故分为不同的级别。按照分级负责的原则，明确应急响应级别
		响应程序	根据事故的大小和发展态势，明确应急指挥、应急行动、资源调配、应急避险、扩大应急等响应程序
		应急结束	明确应急终止的条件。事故现场得到控制，环境符合有关标准，导致次生、衍生事故的隐患消除，经事故现场应急指挥机构批准后，现场应急结束。应急结束后，应明确：事故情况上报事项；需向事故处理小组移交的相关事项；事故应急救援工作总结报告
5	信息发布		明确事故信息发布部门、发布原则。事故信息应由事故现场指挥部及时准确地向新闻媒体通报
6	后期处理		主要包括污染物处理、事故后果影响消除、交通秩序恢复、抢险过程和应急救援能力评估及应急预案的修订
7	保障措施	通信与信息保障	明确与应急工作相关联的单位或人员的通信联系方法和方式，并提供备用方案。建立信息通信系统及维护方案，确保应急期间信息畅通
		应急队伍保障	明确各类应急响应的人力资源，包括专业应急队伍、兼职应急队伍的组织与保障方案
		应急物资装备保障	明确应急救援需要使用的应急物资和装备的类型、数量、性能、存放位置、管理责任人及其联系方式等
		经费保障	明确应急专项经费来源、适用范围、数量和监督管理措施，保障应急状态时应急经费及时到位
		其他保障	根据应急工作需求确定的其他相关保障措施（如人员保障、技术保障、后勤保障等）
8	培训与演练	培训	明确对人员开展的应急培训计划、方式和要求等
		演练	明确应急演练的规模、方式、频次、范围、内容、组织、评估、总结等
9	奖惩		明确事故应急救援工作中奖励与处罚的条件和内容

续表

序　号	构成项目		内容及要求
10	附则	术语与定义	对应急预案的一些术语进行定义
		应急预案管理	①应急预案备案:明确本应急预案的报备部门; ②维护和更新:明确应急预案维护和更新的基本要求,定期进行评审,实现可持续改进; ③制定与解释:明确应急预案负责制定与解释的部门; ④应急预案实施:明确应急预案实施的具体时间

1)总则

(1)编制目的

不同的综合应急预案,其编制目的不尽相同,一般情况下,编制目的的内容应包括:为了全面贯彻落实"安全第一,预防为主"的方针,规范应急管理工作;为了提高突发事件的应急救援反应速度和协调水平,增强综合处置重特大事故的能力,预防和控制次生灾害的发生;保障高速公路从业人员和公众的生命与财产安全,保障公路的畅通,促进社会和谐发展。

(2)编制依据

编制依据一般应包括相关的法律法规、标准、相关管理制度文件等。编写顺序一般为:国家法律法规→国家标准→行业法律法规→行业标准→企业标准。具体描写分为紧凑式和分列式(即每个依据分行列出)。

(3)适用范围

说明应急预案适用的区域范围,以及事故的类型、级别。适用对象一定要明确,针对性要具体。

(4)应急预案体系

具体说明应急预案体系的构成情况,即由哪些应急预案组成。高速公路应急预案体系一般由综合应急预案、专项应急预案和现场处置方案构成。

(5)工作原则

具体说明高速公路突发事件应急预案的原则,内容应简明扼要、明确具体。

2)风险评估和应急资源调查

除了组建相应的应急预案编制工作组外,高速公路管理机构在编制应急预案前还要进行风险评估和资源调查。根据风险评估和应急资源调查的结果,可以明确管理区域的危险源分布和突发事件类型,为应急预案中的预防与预警准备、应急处置流程、应急组织职责确定、联动程序设计做好准备工作。

3)组织机构及职责

高效精干的应急救援组织是落实事故应急预案的关键,健全的组织机构是预案有效实施的组织保障。因此,在编制应急救援预案的过程中,必须健全应急组织机构,明确应急组织形式、构成单位或人员，明确应急救援指挥中心的总指挥、副总指挥、各成员单位及其相应职责。应急救援指挥中心根据事故类型和应急工作需要，可设置相应的应急救援工作小组，并明确各小组的工作任务及职责。

(1)组织机构

应急救援组织机构的一般构成是以应急救援指挥中心为核心，由路政、养护、监控中心、管理所等部门的人员组成，指挥中心设总指挥、副总指挥，指挥部成员人数根据路段规模大小、危险源特性等情况确定。

(2)高速公路应急救援指挥中心职责

指挥中心是事故救援工作的指挥机构和指令的传输中心，由总指挥、指挥员、通信人员组成。组成人员必须落实到具体的人，并确定每个人的联系方式。指挥中心的职责是：执行国家有关事故应急救援工作的法规和政策；平时收集有关危险源及危险有害因素变化情况的信息；分析灾情，确定事故救援方案，制定各阶段的应急对策；发生事故时，负责救援工作的组织、指挥，向救援部门发出各种救援行动指令；确定各部门的职责，协调各部门之间的关系；为救援提供物资保障及其他保障条件；负责了解、检查各救援部门的工作，及时提出指导和改进意见；适时调整各救援部门的人员组成，保障救援组织正常工作；组织应急预案的学习、演练、改进，对应急预案的执行或演练情况进行总结、评估；负责内、外信息的接收处理，向有关新闻机构发布事故及救援信息，向上级部门作事故及救援报告。

(3)应急救援指挥中心各小组的职责

应急指挥小组由相关各职能部门的人员依据职责分工组成。根据救援实际需要组成的各应急救援小组与指挥中心共同构成高速公路突发事故的救援组织。

4)预防与预警

预防与预警是高速公路应急预案编制的重要内容。无论是否发生事故，都需要对危险源进行监控，要做到 24 小时监视信息，并根据紧急情况级别报告或发布紧急状态信息。

(1)危险源的监控及预防

危险源的监控就是通过制定相关的监控制度和管理措施实现对危险源的控制目的，如检查制度、信息反馈制度、异常情况报告制度等。管理监控关键是要建立健全危险源信息反馈系统，制定信息反馈制度并严格贯彻实施。对检查发现的事故隐患，应根据其性质和严重程度，按照规定分级实行信息反馈和整改，做好记录，发现重大隐患应立即向安全技术部门和行政第一领导报告。信息反馈和整改的责任应落实到人。对信息反馈和隐患整改的情况，各级领导和安全技术部门要进行定期考核和奖惩。安全技术部门要定期收集、处理信息，及时提供给各级领导研究决策，以不断改进危险源的控制管理工作。

危险源的预防措施，从技术层面来讲，主要是采用消除、控制、防护、隔离、监控、保留和转移等控制技术。从管理层面来讲，首先是对人的行为的控制，加强教育培训，提高人的操作的安全性;其次,建立健全危险源管理的规章制度,明确责任,定期检查,加强危险源的日常管理,抓好信息反馈,及时整改隐患。

(2)信息监视、报告与预报

高速公路应急机构应根据危险源及重大事件的监测、预测结果,进行分析、评估,做到早发现、早报告、早处置。

根据监视到的信息,分析事件的危害程度、紧急程度和发展态势,结合高速公路的具体情况,对事件作出判断:紧急情况的级别是否达到了响应级别?如果达到了,应启动应急响应;如果没有达到,应连续跟踪事态的发展。

根据信息监视要求全天候进行,编制应急预案要明确24小时应急值守电话、事故信息接收和通报程序。应建立完善的信息传递和报警通信系统及联系方式,建立事故现场内外部门间的通信程序,明确保障通信畅通的措施以及备用通信手段。可采用电话、网络、广播等通信系统,明确信息传递程序、事故及未遂伤亡事故信息报告与处置办法。可根据危害情况、紧急程度和发展态势,将紧急情况划分为不同级别,并应明确针对不同紧急情况级别应将信息报告到哪一级别的对象。

5)*应急响应*

应急响应是指当事件的紧急状态达到响应级别时,启动应急预案,并实施救援的过程。紧急事件一旦发生,应立即启动应急救援系统的应急响应程序。应急响应程序按过程可分为接警、响应级别确定、报警、应急启动、救援行动、扩大应急、应急恢复和应急结束等几个过程。

事故灾难发生后,报警信息应迅速汇集到应急救援指挥中心。应急救援指挥中心接到警报后,应立即建立与事故现场的联系,根据事故报告的详细信息,对警情作出判断,由应急救援指挥中心值班负责人或现场指挥人员初步确定相应的响应级别。如果事故不足以启动应急救援体系的最低响应级别,通知应急机构后,其他有关部门响应关闭。

应急响应级别确定后,按所确定的响应级别启动应急程序,如通知应急救援指挥中心有关人员到位、开通信息与通信网络、通知调配救援所需的应急资源(包括应急队伍和物资、装备等)、成立事故现场应急指挥部等。同时,应根据需要进行报警。事故报警非常重要,及时报警可以使事故救援工作开始于事故初期,可以及时控制事故的蔓延和扩大。在事故救援中,时间是最宝贵的,任何贻误时机的行为都可能带来灾难性的后果。

有关应急队伍进入事故现场后,迅速开展事故侦测、警戒、疏散、人员协助、工程抢险等有关应急救援工作。专家组为救援决策提供建议和技术支持。当事态超出响应级别,无法得到有效控制时,向应急救援指挥中心请求实施更高级别的响应。

应急行动结束后,进入临时应急恢复阶段,包括现场清理、人员清点和撤离、警戒解除、善后处理和事故调查等。由事故总指挥宣布应急结束。编制应急预案时,应明确应急终止的条件。事故现场得以控制,环境符合有关标准,导致次生、衍生事故隐患消除后，经事故现场应急指挥机构批准后，现场应急结束。

6)信息发布

信息发布要明确两个问题：由谁负责发布、信息发布的方式与原则。

事故信息发布的部门：应由事故现场应急指挥部及时准确地向新闻媒体通报事故信息。本省（自治区、直辖市）或相邻省（自治区、直辖市）高速公路实施交通应急管理，需采取交通管制措施，应采取现场接受采访、举行新闻发布会等形式通过本省（自治区、直辖市）电视、广播、报纸、网络等媒体及时公布信息。同时，协调高速公路经营管理单位在高速公路沿线电子显示屏滚动播放交通管制措施。

监控中心和监控室向路段行驶车辆发布信息，其他信息由主管部门向媒体发布。

7)后期处置

经启动应急预案，执行救援行动，使事态得到控制后，经过事故现场应急指挥部评估确认满足高速公路应急预案终止条件时，即可向上级应急指挥中心报告，由上级应急指挥中心下达应急终止指令。应急终止后，就要着手进行后期处置工作。后期处置主要包括污染物处理、事故后果影响消除、生产秩序恢复、善后赔偿、抢险过程和应急救援能力评估及应急预案的修订等内容。

8)保障措施

完善的应急保障体系是应急救援工作快速、有效开展的重要保证，包括人力资源保障、各类物资保障和应急能力的保障。

(1)通信与信息保障

编制应急预案时，应明确与应急工作相关联动单位或人员的通信联系方式和方法，并提供备用方案。建立信息通信系统及维护方案，确保应急期间信息通畅。通信联系关系到应急救援的成败，现场事故情况以及各救援队伍之间的情况通报、指挥中心的命令等都需要依靠通信系统来传递。为保证通信系统的可靠性，应设有多种通信方式，以防某种通信方式被中断时，能启用备用通信方式，确保救援过程的通信畅通。

(2)应急队伍保障

应急队伍保障主要指的是紧急情况下可动员的全职及兼职人员，其应急能力和培训水平应达到要求。编制应急预案时，应明确各类应急响应的人力资源，包括专业应急队伍、兼职应急队伍的组织与保障方案。

(3)应急物资与装备保障

对于物资与装备，不仅要求保证有足够的资源，而且要保证能快速、及时供应到位。应急装备总体可分为基本装备和专用装备两大类。基本装备一般指应急反应所需的抢险抢修设备、通信设备、交通工具、照明设备和防护装备；专用装备主要指专业应急反应队伍所用的专用工具，如检测装备、医疗急救器械和急救药品等。

编制应急预案时，应明确应急救援需要使用的应急物资和装备的类型、数量、性能、存放位置，管理、使用、维护和更新责任人及其联系方式等内容；同时应填写应急救援装备登记表，作为应急预案的附件材料。

(4)应急经费保障

应急经费包括应急管理运行和应急反应中各项活动的开支。应急预案一般应明确应急专项经费来源、使用范围、数量和监督管理措施,保障应急状态时应急经费的及时到位。

(5)其他保障

其他保障是指上述未涉及,但应急必需的相关保障措施,如技术保障、人员防护保障等。应急活动过程中,应急救援人员要配备符合救援要求的安全职业防护装备,严格按照救援程序开展应急救援工作,确保应急救援人员的安全。

9)培训与演练

做好培训与演练是提高应急队伍素质,确保应急行动快速、有效完成的重要保障。要保证紧急事件发生时应急预案真正有效,就必须做好应急培训和应急演练工作。

通过培训与演练,可以检验预案的实用性、可行性、可靠性,全体人员的应急技能,同时提高全员应急意识与技能,保障应急装备的实用效果,检验应急救援指挥部的应急能力。

应急培训计划针对不同层次的人员、不同培训对象,其培训内容、方式与要求也不尽相同。

应急演练方式有多种,从不同角度可分为不同方式,见表4.3。在应急管理工作进展的不同阶段,或结合自身条件进行不同方式的演练,最终根据演练结果进一步修改和完善应急预案。

表4.3　应急演练方式

分类方式	演练方式名称	主要特点
按演练功能范围分	桌面演练	对演练场景进行口头演练
	功能演练	指针对某项应急响应功能或其中某些应急响应活动举行的演练活动
	全面演练	针对应急救援预案中全部或大部分应急响应功能,检验、评价应急组织应急运行能力的演练活动
按演练场所分	室内演练	偏重于研究性质,主要由指挥部的领导和指挥、通信、防化等各部门以及救援专业队队长组成的指挥系统
	实地演练	结合现场情况针对的危险源、危险场所或现场可能出现的事故设定的一种紧急情况,针对这一情况实施应急救援演练

演练程序包括演练准备阶段和应急演练实施阶段。演练准备阶段包括组织演练策划小组、编制演练方案、制定演练现场规则、培训评价人员等。

演练结束后,进行总结和讲评是全面评价演练是否达到演练目标、应急准备水平及是否需要改进的重要环节，也是演练人员进行自我评价的机会。演练总结可以通过访谈、汇报、协商、自我评价、公开会议和通报等形式完成。

演练报告中应包括以下内容：本次演练的背景信息，包含演练地点、演练时间、气候条件、演练参与人员；应急组织、演练方法等；对重大偏差或缺陷的总结；建议和纠正措施；完成这些措施的日程安排。

4.3 专项应急预案编制实务

专项应急预案一般只针对特殊风险（如危险化学品运输、交通事故、恶劣天气、工程抢险、隧道事故、桥梁事故、电气设备故障、群体性事件等），并应制定明确的救援程序和具体的应急救援措施。

4.3.1 专项应急预案的要求

专项应急预案在编制内容上与综合应急预案相比有较大的差异性，其应急程序及内容更趋具体和针对性。在编制的要求上，针对某种特殊风险要做到"三个明确"，即明确职责、明确程序、明确能力和资源。

1）明确职责

高速公路事故应急救援涉及路政、监控、养护、清障、管理所、服务区等多部门的工作，要依靠各部门甚至外界力量的相互协作共同完成。明确职责就是在应急预案中明确现场总指挥、副总指挥、应急救援指挥中心以及各部门在应急救援过程中所担负的职责。因此，专项应急预案编制的要点主要包括以下两个方面的内容：

①权责对等：应明确规定各应急小组的指挥权限、职责和任务，每一项任务都有对应的人员负责，根据任务的类型赋予其相匹配的权限。

②必须保证统一指挥：在紧急情况下，多头指挥会让一线救援人员无所适从，以致贻误战机，失去应急救援的有利时机。因此，必须明确各应急小组在执行某一具体应急行动时听从谁的指令。

2）明确程序

明确程序包含两个方面的含义：一是尽可能详细地明确完成应急救援任务应包含的所有应急程序，以及对各应急程序能否安全可靠地完成对应的某项风险种类的应急救援任务进行确认；二是这些程序实施的顺序及各程序之间的衔接和配合。

应急救援的各个行动的完整性程序编制完成后，应按照高效有序的原则，对各救援行动程序进行组织编排，特别是对程序的前后衔接及一些必须交叉进行的程序与配合行为，要尽可能详细地说明。编写时应坚持效率优先的原则，始终将应急救援效率和救援效果放在第一位考虑。

3）明确能力和资源

明确能力和资源包含两层含义：一是明确企业现有的可用于针对某种特殊风险的应急救援设施设备的数量及其分布位置；二是明确企业针对某种特殊风险的应急救援队伍的应急救援能力，如针对火灾发生时专业消防队和自愿应急救援员的组织。

4.3.2 专项应急预案的基本内容

专项应急预案是针对具体的事故类别、危险源和应急保障而制定的计划或方案，是综合应急预案的组成部分，应按照综合应急预案的程序和要求组织制定，并作为综合应急预案的附件。专项应急预案应制定明确的救援程序和具体的应急救援措施，包括事件启动标准、应急处置基本原则、组织机构及职责、预防与预警、信息报告程序、应急处置。

1）事件启动标准

在综合应急预案中对危险源进行分析评估，专项应急预案则要求在危险源评估的基础上，对危险源可能发生的事故类型和可能发生的规律及事故严重程度进行确定，以使专项应急预案更具有针对性和可操作性。

2）应急处置基本原则

处置安全事故必须遵循以人为本的原则，有效、快速、经济的原则，统一指挥的原则。

3）组织机构及职责

明确应急组织形式、构成单位或人员。根据事故类型，明确应急救援指挥中心总指挥、副总指挥以及各成员的具体职责。应急救援指挥中心可设置相应的应急救援工作小组，明确各小组的工作任务及主要负责人职责。具体编制要求请参考综合应急预案“组织机构及职责”部分。

4）预防与预警

预防与预警主要是明确对危险源监测监控的方式、方法，以及采取的预防措施；明确具体事故预警的条件、方式、方法和信息的发布程序。具体编制要求请参考综合应急预案“预防与预警”部分。

5）信息报告程序

信息报告程序主要包括：确定报警系统及程序；确定现场报警方式；确定 24 小时与有关部门的通信、联络方式；明确相互认可的通告、报警形式和内容；明确应急反应人员向外求援的方式。具体编制要求请参考综合应急预案“信息发布”部分。

6）应急处置

响应分级是启动应急预案的标准，需要针对事故危害程度、影响范围和控制事态的能力，将事故分为不同的等级。按照分级负责的原则，明确应急响应级别。不同行业、不同企业，其响应分级也不同，目前没有统一的标准。

根据事故的大小和发展态势，明确应急指挥、应急行动、资源调配、应急避险、扩大应急等响应程序。

处置响应从接到事故报告开始，接到报告后立即向高速公路应急指挥中心报告，并落实指令；连续收集现场应急处置动态资料，向应急救援指挥中心报告，并及时传达应急救援指挥中心指令；按照应急救援指挥中心指令，通知专家到达指定地点；按照应急救援指挥中心指令，向上级应急管理部门或地方报告和求援；负责对外新闻发布材料的起草工作。

针对事故类别和可能发生的事故特点、危险性制定应急处置措施。不同类别事故的处置措施各异,应针对具体事故编制。

4.4 现场处置方案编制实务

通过综合应急预案和专项应急预案,可以知道本单位的应急原则、应急体系、应急过程及应急程序等要求。但对于具体的个人或部门,需要掌握的应急信息和方法指导是由现场处置方案来表达的。

现场处置方案应提供事故特征、应急职责、应急处置措施或方法,以及一些安全注意事项,以便满足应急活动的需求,并能够把各项应急任务分配转变成具体的应急行动检查表(在应急行动中非常实用和重要)。现场处置方案应说明每个责任单位或人员怎样完成分配给他们的任务。通常现场处置方案包括应急行动检查表、点名册、资源清单、地图、图表等,并且提供采取下述应急行动的过程:通知相关人员,获得并使用应急设备、应急供应资源、车辆,进行互助,向应急救援指挥中心和事故现场应急指挥中心及时报告相关信息,联络在其他地点工作的人员等。

4.4.1 现场处置方案的基本要求

现场处置方案编制的目的和作用决定其基本要求。一般来说,现场处置方案的基本要求如下:

1)可操作性

现场处置方案就是为应急部门或人员提供详细、具体的应急指导,必须具有可操作性。现场处置方案应明确针对的事故,执行任务的主体、时间、地点,具体的应急行动、行动步骤和行动标准等,应急部门或个人参照现场处置方案就可以有效、高速地开展应急工作,而不会受到紧急情况的干扰导致手足无措,甚至出现错误的行为。

2)协调一致性

在应急救援过程中会有不同的应急部门或应急人员参与,并承担不同的应急职责和任务,开展各自的应急行动。因此,现场处置方案在应急职责及与其他人员配合方面,必须要考虑相互间的接口,应与综合应急预案的要求、专项应急预案的应急内容、支持附件提供的信息资料以及其他现场处置方案协调一致,不应该有矛盾或逻辑错误。如果应急活动可能扩展到单位外部,在现场处置方案中应留有与外部应急救援组织机构的接口。

3)针对性

应急救援活动由于事故发生的种类、地点、环境、时间、事故演变过程的差异而呈现出复杂性,现场处置方案是依据风险评估的结果和风险管理要求,结合应急部门或个人的应急职责和任务而编制相应的程序。每个现场处置方案必须紧紧围绕现场可能发生的事故状况、应急主体的应急功能和任务来描述应急行动的具体实施内容和步骤,要有针对性。

4)连续性

应急救援活动包括应急准备、初期响应、应急扩大、应急恢复等阶段,是一个连续的过程。为了指导应急部门或应急人员能够在整个应急过程中发挥其应急作用,现场处置方案必须具有连续性。同时,随着事态的发展,参与应急的组织和人员会发生较大变化,因此还应注意现场处置方案中应急功能的连续性。

4.4.2 现场处置方案的编制

现场处置方案是针对具体的装备、场所或设施、岗位所制定的应急处理措施。现场处置方案应具体、简单、针对性强,应根据风险评估及危险性控制措施逐一编制,做到事故相关人员应知应会,熟练掌握,并通过应急演练,做到迅速反应、正确处置。

现场处置方案没有严格固定的标准格式,但为了有利于方案的衔接、管理和实施,在编制现场处置方案时应尽量统一格式。通过实践,借鉴了一些企业好的做法,总结以下的现场处置方案格式,以供参考。

示例:×××现场处置方案

1.事故特征

2.应急组织与职责

3.应急处置

4.注意事项

5.其他

上述现场处置方案的“5.其他”,可以包括:应急物资和资源的保障、现场处置方案的管理要求、现场恢复、一些支持性的附件/附录,如事故后果模拟计算结果、涉及的危险化学品的危险特性、区域或场所的平面布置图等。

1)事故特征

从宏观来说,事故具有因果性、偶然性、潜在性等特征。

事故的因果性是指任何事故都是诸多相互联系的原因造成的结果,可以是一因多果,也可以是多因一果。因此,分析事故时,应注意因果之间的关系。事故的偶然性是指原因的多样性及复杂性,在一定条件下可能发生也可能不发生。事故的潜在性是指一切事故的形成、发展都是时间的函数,实体系统中各种安全隐患是潜在的,时间运行到一定阶段,条件一一成熟,就会显示出来。

事故隐患有其产生、发展、消亡的过程。一般来说,事故隐患的生成发展可以分为孕育,发展、发生(即形成阶段)和伤害(即消亡阶段)几个阶段。

(1)孕育阶段

事故隐患的存在有其基础原因。如各项目工程在设计、施工等过程中,由于知识水平的限制、科技含量较低、人员素质较差等原因,可能隐藏着危险。此时隐患尚处于无形、隐蔽状态,只能估计或预测到危险可能会出现,而不能描绘出它的形态。

(2)形成阶段

随着时间的推移,由于管理出现的疏漏和失控,事物的状态也在不断演变,逐渐构成了可能导致事故发生的各种因素。此时,有的事故隐患已经发展成为险情或"事故苗子"。在这一阶段,事故处于萌芽状态,可以具体指出它的存在。此时是发现事故隐患,预防事故发生的最佳时机,有经验的安全工作者已经可以预测事故的发生。

(3)消亡阶段

在实际运营过程中,事故的隐患被某些偶然事件触发,就产生了事故,造成财产损失和人员伤亡。事故是作为一种现象的结果而存在。这时,作为现象的事故隐患已经演变成事故,该隐患随着事故的发生而消亡。

上述事故的宏观特征是分析事故征兆的指导思想。事故形成和发展是一个过程,事故前可能出现一些征兆,如果能掌握事故征兆规律,就可以提前采取措施,避免事故的发生。

事故特征的分析内容主要包括:危险性分析,可能发生的事故类型;事故发生的区域、地点或装置的名称;事故可能发生的季节(时间规律)和造成的危害程度;事故前可能出现的一些征兆。

2)应急组织与职责

现场应急组织机构是应急响应的第一响应者,是及时控制事故以及在事故第一时间开展应急自救、把事故消灭在初始状态的重要组织保障。编制现场处置方案,应明确每一个基层单位的应急自救组织形式及人员构成情况,明确应急自救组织机构、人员的具体职责。

应急人员在应急组织中的任务与职责,应尽可能与他在日常工作岗位的任务与职责相一致,这样,在应急行动中他的工作专业性和权威性更容易被其他人员所认同。应急组织应有充分的灵活应变的空间,在事故发生后,某一应急人员被临时安排承担非预案规定的另外工作,这是经常发生的,每一个应急人员都应有这方面的思想准备和工作准备。

在高速公路突发事件中,交通运输部负责Ⅰ级应急响应的启动和实施,省级交通运输主管部门负责Ⅱ级应急响应的启动和实施,市级交通运输主管部门负责Ⅲ级应急响应的启动和实施,县级交通运输主管部门负责Ⅳ级应急响应的启动和实施。当发生Ⅰ级公路交通突发事件时,应急领导小组根据需要指定成立现场工作组,赶赴现场指挥公路交通应急处置工作,交通运输部与公安部等部门建立协调机制,按照职责分工,加强协作,共同开展应急处置工作。同时,指导地方公路交通应急管理机构建立与公安交警的联合调度指挥机制,实现路警"联合指挥、联合巡逻、联合执法、联合施救"。当发生Ⅱ级以上公路交通突发事件时,路网中心和事发地公路交通应急管理机构均进入24小时应急值班状态,确保部省两级日常应急管理机构的信息畅通。现场工作组负责指导、协调Ⅰ级公路交通突发事件现场的应急处置工作,并及时收集、掌握相关信息,根据应急物资的特性及其分布、受灾地点、区域路网结构及其损坏程度、天气条件等,优化措施,研究备选方案,及时上报最新事态和运输保障情况。

3)应急处置

事故现场应急处置方案由应急处置程序和应急处置措施两部分组成。

事故应急处置程序主要说明应急处置的启动,以及应急处置过程中各部分的组织与协调问题。处置方案中应根据可能发生的事故类别及现场情况,明确事故报警、各项应急措施启动、应急救护人员的引导、事故扩大及应急预案的衔接程序,以及报警电话及上级管理部门、相关应急救援单位的联络方式和联系人员,事故报告基本要求和内容。

现场应急处置主要说明针对可能发生车祸、道路破坏等具体事故,应采取的具体处置技术措施,包括操作措施、工艺流程、现场处置、事故控制、人员救护、消防、现场恢复等方面。现场救援技术保障包括基本装备和专用装备的保障。现场应急装备还包括危险化学品泄漏控制装置、营救设备、应急电力设备、重型设备等。另外,医疗服务机构、设施、设备和供应应有足够的准备。

高速公路突发事件Ⅰ级响应时,由应急领导小组予以确认,启动并实施本级公路交通应急响应,同时报送国务院备案。Ⅱ级响应时,由省级交通运输主管部门在省级人民政府的领导下予以确认,启动并实施本级公路交通应急响应,同时报送交通运输部备案。Ⅲ级响应时,由市级交通运输主管部门在市级人民政府的领导下,启动并实施本级公路交通应急响应,同时报送省级交通运输主管部门备案。Ⅳ级响应时,由县级交通运输主管部门在县级人民政府的领导下,启动并实施本级公路交通应急响应,同时报送市级交通运输主管部门备案。

在编制现场应急处置程序与措施的过程中,会涉及诸如个人防护用品佩戴方法,抢险器材、设备操作要求,进出事故现场要求等注意事项,这些注意事项也应分类编制,以供培训演练及救援中随时翻阅。

第 5 章　高速公路应急预案的衔接内容与措施

任何事故预案都是事先对突发事故所作的控制和救援方案的编制，但由于不同层次的预案通常由不同的人员编制，不同层次的预案在同时响应过程中可能因不衔接而“打架”，或因不衔接而延误应急救援的进程。因此，研究应急预案的衔接问题对于发挥不同层次预案的功能有着重要意义。

5.1　应急预案衔接的有关问题

对于应急预案衔接的研究，首先应分析应急预案衔接的有关问题。

5.1.1　应急预案的层次分析

用面对对象的分析方法来分析应急预案的层次衔接问题。高速公路事故可能会涉及现场处置方案、高速公路专项应急预案、高速公路综合应急预案、地方政府专项应急预案、地方政府综合应急预案、上一级政府预案、国家专项应急预案，如图 5.1 所示。

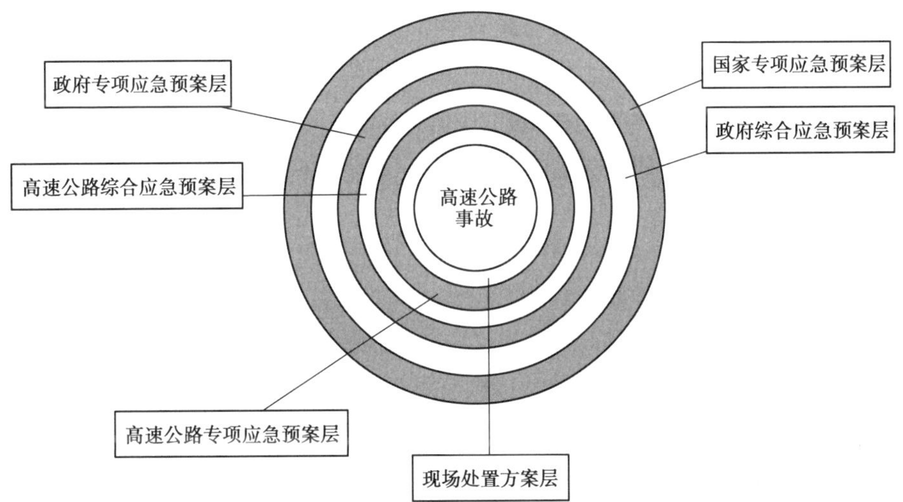

图 5.1　同一事故可能面临的不同层次的应急预案

由图 5.1 可知，对于同一事故应急救援，可能会启动不同层次的应急预案。如果事故较小，启动现场处置方案进行现场处置就可控制事故。但如果事故超出了现场处置方案处置的能力，就要启动高速公路专项应急预案，如果高速公路专项应急预案还不能控制事故，就要启动综合应急预案。根据事故的严重程度不同，可能需要依次启动政府专项应急预案、政府综合应急预案，直达国家专项应急预案。在依次启动不同层次预案的过程中，实际所面对的事故是同一个事故。

5.1.2 不同层次预案的衔接问题

由上述可知，不同层次的预案面临着衔接方面的问题：

①不同层次预案在应对事故的程序方面是否衔接？

②不同层次预案在应对事故的处置方案方面是否衔接？

③启动不同层次的预案也就意味着有更多的指挥者参与应急过程的指挥，多重指挥是否协调一致？

④不同层次预案的启动也就意味着更多的资源参与事故应对过程中，投入资源的配置是否衔接？

一般情况下，启动预案的层次越高，应对事故的能力越强，就越有利于有效、快速地控制事故。但如果上述衔接问题没有得到很好地解决，应急能力不仅得不到充分发挥，甚至有可能延误事故的应急救援工作。

5.2 应急预案衔接的主要内容

综上所述，不同层次应急预案衔接的主要内容包括应急程序的衔接、应急指挥协调的衔接、应急处置方案的衔接、应急资源配置的衔接等。

5.2.1 多层次应急响应的衔接机制

多层次预案逐级响应的衔接机制是：高速公路上一旦发生事故，路段立即实施应急程序，同时报告当地政府事故应急主管部门，这时政府事故应急预案应进入预警状态。如需上级援助，政府应根据预测的事故影响程度和范围，启动政府事故应急预案，按需投入应急人力、物力和财力。在任何情况下都要对高速公路意外事故情况的发展进行连续不断的监测，并将信息传送到地方政府事故应急指挥中心。地方政府事故应急指挥中心根据事故严重程度，将核实后的信息逐级报送上级应急机构。路段或地方政府事故应急指挥中心应不断向上级应急机构报告事故控制的进展情况，以及所作出的决定与采取的行动。上级应急机构应不断进行审查、批准或提出替代对策。依据事故的规模、当地政府能提供的应急资源以及事故发生的地点，决定是否将事故应急处理移交上一级应急指挥中心，移交决定由地方应急指挥中心和上级政府机构共同作出。逐级启动事故应急预案过程应根据事故状况的评价结果，以及移交标准程序来进行。

5.2.2 应急程序的衔接

应急预案的结构是：

应急预案=基本应急预案+应急程序+附件

基本应急预案是对应急预案的总体描述。基本应急预案包括应急救援工作总体思路、基本情况、事故危险评估、应急资源评估、应急组织及职责、预案培训、演练的制度和计划，以及预案管理等。

应急程序是针对某一个具体事故或事件制定的应急救援行动的计划，包括人员分工、职责和工作步骤，信息报告的程序，应急响应的程序等。制定应急程序时，应对该事故作充分、周密的调查研究，对事故应急救援行动中的每一个可能影响安全的环节都应有针对性的措施。

附件是指基本应急预案和应急程序中的各类图表及相关文件。为使应急预案简洁明了，应急程序清晰实用，便于应急人员掌握，应把基本应急预案和应急程序的篇幅限制在一定范围内，其他资料可以放在附件中，这样也便于附件中各类文件图表的修改和更新。附件内容包括应急组织机构文件、应急组织通讯录、应急行动图表、应急制度、应急装备清单等。

要保证各层次预案应急程序的衔接，就需要解决应急程序的衔接问题（图 5.2），如各级预案执行过程中信息流通是否畅通？各级预案是否因信息传递途径设置不同而影响预案执行的整体效果？各级预案执行过程是否因应急程序步骤衔接脱节而造成应急混乱或延误应急？各级预案启动是否因时间衔接脱节而造成应急混乱或延误应急？各级预案是否因响应程序设置不同而造成衔接脱节？各级预案是否因响应机制设置不同而造成衔接脱节？这些问题都是各层次预案衔接时必须考虑的，即编制应急预案时要做到统一性和协调性。

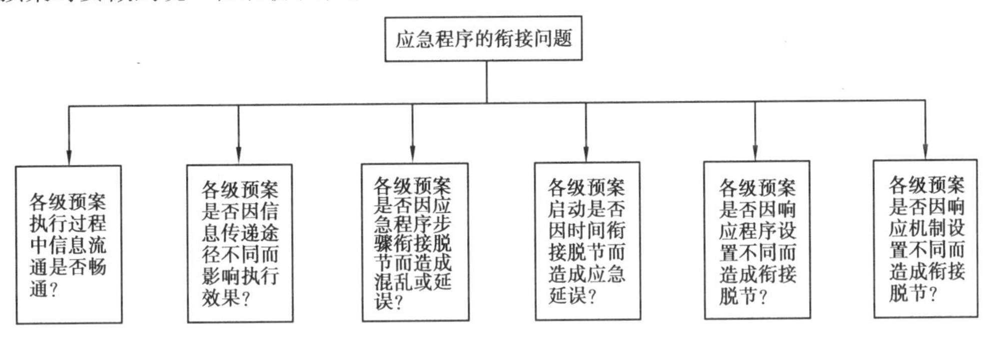

图 5.2　应急程序的衔接问题

5.2.3　应急指挥协调的衔接

应急指挥协调衔接时，应考虑的具体问题（图 5.3）有：指挥指令传达程序是否畅通？各层次预案设置的指挥信号标志是否统一？各层次预案设置的组织机构是否衔接？各层次预案组织机构的办公室是否经常沟通？各层次预案设置的指挥机构之间的指挥职责及重点是否很好地衔接？

上述问题中，各层次预案指挥机构设置的衔接及指挥职责界定的衔接是应急指挥协调衔接的核心问题。有些应急预案在编制时，只注意到自身体系构成的完整性，而忽视了指挥机构设置之间的衔接，也没有很好地理解各层次预案的功能定位，未能按“统一指挥，分级负责”和“分工协作，发挥各级应急优势”的原则来界定指挥机构的职责。

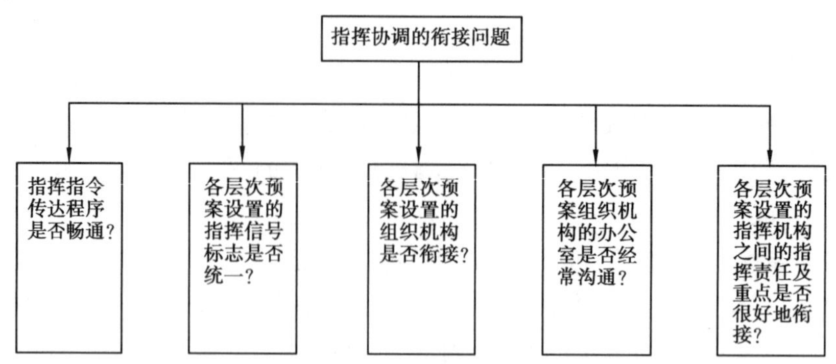

图 5.3　指挥协调的衔接问题

5.2.4　应急处置方案的衔接

应急处置方案实际上就是应急处置技术路线与处置措施的总和。

对于一个具体的事故来说,第一响应的预案是现场处置方案。现场处置方案是针对具体的装置、场所或设施、岗位所制定的应急处置措施。一个事故可能会涉及多个岗位、设施、装置,因此应对这个事故就需启动多个相应的现场处置方案。

高速公路的专项应急预案比现场处置方案更宏观、更概括些。专项应急预案是综合应急预案的组成部分,并作为综合应急预案的附件。形象地说,现场处置方案是专项应急预案的一个或多个插件;而专项应急预案是综合应急预案的一个或多个插件。

政府预案分为综合应急预案、专项应急预案和部门预案。综合应急预案是政府所辖区域应急预案体系的总纲,是政府应对特别重大、重大和较大突发公共事件的规范性文件,由政府制定并公布实施。专项应急预案主要是政府及其有关部门为应对某一类型或事故而制定的应急预案,由政府有关部门牵头制定,报政府批准后实施。部门应急预案是政府有关部门根据综合应急预案、专项应急预案和部门职责,为应对比较专一、涉及一个部门或少数几个部门的突发公共事件而制定的预案,由政府有关部门制定印发,报政府备案。

各层次预案应对事故的处置规定的侧重点是不一样的。越往上,处置技术路线与处置措施越泛化;相反,越往下,处置技术路线与处置措施越具体化。在编制现场处置方案时,应根据预案的层次来考虑处置技术路线和措施,使上下层次衔接。

5.2.5　应急资源配置的衔接

应急资源包括应急人员、应急设施、装备和物资等。应急资源配置就是根据应急救援需要,调用、组合应急人力资源、设施、装备和物资,使其发挥最佳效能的过程。由于应急预案是分层次编制的,在各层次预案编制过程中常受所在层次的限制,对应急资源的评估与配置很难做到全面、准确,甚至各层次所作的资源配置出现脱节现象,影响实际应急救援的效果。

一般的资源配置模式分为自然配置、行政配置、市场配置 3 种。资源的自然配置模式是指在一般意义上不需要“外部”力量实现资源配置和改变资源配置。资源的行政配置模式是指在一定规划下，通过行政部门的安排，进行有组织的调配、分流和重组实现的配置。它是由管理者对其所管辖的资源直接进行的配置，是一种“命令”式的配置。市场配置是按市场经济的供求关系，通过供求双方的自由选择而完成。

显然，应急资源配置必须采用行政配置模式，即通过行政部门安排、组织调配而完成。

在进行应急资源配置管理过程中，一般需要开展 3 个方面的工作，即资源需求识别、资源约束分析、资源配置计划制订。应急资源需求识别不仅要分析可能需要的应急资源种类和数量，而且应包括需要资源的时间分析，即在应急过程中每个时点或时段上的应急资源种类和数量的需要，这需要根据事故扩展规律来确定。应急资源约束分析是规划应急资源配置的基础。应急资源约束分析内容主要包括所拥有应急资源的种类与数量情况、应急资源在区域内的空间分布情况、应急资源随时间动态变化情况等。对应急资源需求的准确识别以及对应急资源及应急力量约束的准确掌握是制订应急资源配置计划的基础，它需要在满足应急救援要求的前提下，找出应急资源需求与应急资源约束的最佳平衡点，实现应急资源的优化配置。

在规划应急资源配置方案时，为使各层次应急预案配置衔接，应考虑应急资源余量问题、动态问题、空间分配问题等。

5.2.6 与法律法规的衔接

应急预案应当符合相关的法律、法规、规章和标准的要求，所规定和明确的组织、程序、资源、措施等应当具有针对性、科学性和可操作性，满足高速公路事故应急救援的需要。

5.3 应急预案衔接的主要措施

为保证应急预案体系中各应急预案之间的衔接，应采取相应的措施，包括加强编制过程的指导、优化应急功能设计、开展预案联合演练、加强信息沟通等。

5.3.1 加强编制过程的指导

首先，要制订计划和目标，按地区、分行业，一级抓一级，层层抓落实，认真组织各有关单位开展应急预案编制工作；其次，要事先制订编制提要，分类解析不同形式的应急预案，通过抓典型、以点带面、提供范本等形式，及时解决应急预案编制过程中遇到的问题；再次，规范和加强应急预案编制、备案、演练、修订等工作，切实提高应急预案质量，解决相关应急预案的衔接等问题；最后，要通过专业培训、技术交流等多种形式，广泛宣传应急管理知识和应急预案编写方法。

加强对应急预案编制工作的指导，及时交流应急预案编制工作经验，加强应急预案的教育培训工作，分行业分类解析地方、部门及高速公路应急预案，制定不同类型的应急预案范本，以指导应急预案编制工作，是不断提高应急预案编制工作水平、保证应急预案衔接的重要保障。

5.3.2 优化应急功能设计

优化应急功能设计，就是在全面调查研究的基础上，通过危险性分析和论证，制定和完善应急预案；明确应急组织机构和职能，做到快速反应、应对有序；制定符合相关法规和标准要求、简洁易懂、功能齐全的应急处置程序和方案；简化现场处置方案，做到分工明确、应对有效；保证应急预案相互衔接。

5.3.3 做好应急预案的备案、互审、公开

应急预案编制完成后应向上一级报送备案。上一级在对应急预案进行备案审查过程中，若发现有不衔接之处应及时提出，并协调修改。

应急预案互审就是政府部门之间，或单位内部各部门之间，就各自编制的专项应急预案或部门应急预案组织开展相互评审。通过相互评审可发现应急预案之间存在的不衔接问题，以便修改完善。

通过公开应急预案，让相关职能部门及其人员、社会公众了解预案内容、应急响应程序、应急处置措施，对于提高大家的危机意识和责任意识，熟悉应急工作程序，具备基本的应急技能，掌握事故防范措施和应急处置程序，以及提高应急处置和协调能力，提高群众自救、互救能力，以及提高应急水平有着重要意义。

5.3.4 开展应急预案联合演练

通过加强应急预案演练，可及时完善应急预案，提高应急预案的实用性。通过开展应急预案联合演练，可发现各层次预案中的不完善和不衔接之处，以便及时协调，重新修订和完善应急预案。联合演练可以促进各单位协同配合及职责的落实，加强培训，锻炼队伍。更重要的是从演练中不断总结经验、发现问题，及时修订和完善应急预案。只有开展经常性的演练，应急预案才更有针对性、有效性和操作性，各单位才能更好地掌握应急预案，落实好职责，做好协同配合。

5.3.5 建立公共平台，加强信息沟通

无论是应急响应过程、应急资源的调配过程，还是具体应急救援过程，都离不开应急信息的有效收集、加工处理和传递。通过建立统一的应急信息平台，可实现相关信息的共享，加强信息沟通，实现上下沟通、横向沟通，加强公众应急信息交流，增强应急预案的协调、衔接性，提高应急处置效果。

为了不断提高政府应急管理水平，国家应着手建立一个统一的应急信息平台，实现相关的信息和资源共享，使政府各部门和高速公路都得到及时预警，及时应对各种突发公共事件，提高快速反应的能力。

应急信息平台建设，应充分利用政府系统现有办公业务资源和专业系统资源，构建省、市、县三级政府综合应急平台体系，实现省、市、县级政府与国务院及与同级主要部门之间互通互联，满足值守应急、信息汇总、指挥协调、专家研判和视频会商等基本功能；应推进紧急信息接报平台整合，以现有公安机关“110”接警平台为基础，整合“110”（公安报警电话）、“119”（火警电话）、“122”（交通事故报警服务电话）、“12122”（高速公路报警救援电话）四台合一；还可整合医疗急救、市政抢修等紧急信息接报平台，建设统一的“110”综合接报平台，实现统一接报、分类分级处置的应急联动工作机制。

第6章　高速公路应急预案编制示例

6.1　综合应急预案示例

××高速公路经营管理机构综合应急预案

1　总则

1.1　目的

为切实加强××高速公路集团应对突发事件的应急管理工作，建立完善的应急管理体制和机制，提高突发事件的预防和应对能力，建立迅速、有序、高效的应对突发事件的反应机制和保障体制，控制、减轻和消除高速公路突发事件造成的损失，保障人民的生命财产安全和高速公路的安全畅通，实现高速公路"高速、高效、安全、舒适"的运营，制定本预案。

1.2　依据

依据《中华人民共和国安全生产法》《中华人民共和国消防法》《中华人民共和国公路法》《中华人民共和国突发事件应对法》《中华人民共和国道路运输条例》《国家突发公共事件总体应急预案》《高速公路交通应急管理程序规定》《公路交通突发事件应急预案》及国家相关专项应急预案和部门预案制定本预案。

依据《××省人民政府突发公共事件总体应急预案》《××省公路路政管理条例》《××省道路交通安全条例》等法律、法规和行业规范制定本预案。

1.3　适用范围

本预案适用于预防和处置由××高速公路集团所属全路网范围内发生的各类突发事件。

法律、法规、规章以及国家突发事件综合应急预案和各专项应急预案另有规定的，依照其规定执行。

1.4　工作原则

①以人为本。把保障公众及××高速公路员工的健康和生命安全作为首要任务。凡是可能造成人员伤亡的突发事件发生前，要及时采取人员避险措施；突发事件发生后，要优先开展抢救人员的紧急行动；要加强抢险救援人员的安全防护，最大限度地避免和减少突发事件造成的人民生命和财产损失。

②预防为主。树立常备不懈的观念，提高××高速公路集团防范突发事

件的意识，落实各项预防措施，做好应对突发事件的思想准备、应急方案准备、机制准备和工作准备。建立健全信息报告体系、科学决策体系、防灾救灾体系和恢复重建体系，在应急准备、指挥程序和处置方式等方面，实现平时预防与突发应急的有机统一。

③科学处置。采用先进的监测、预测、预警、预防和应急处置技术及设施，充分发挥专业人员的作用，提高应对突发事件的科技水平和指挥能力，避免发生次生、衍生事件；加强宣传和培训教育工作，提高员工自救、互救和应对各类突发事件的综合素质。

④快速联动。突发事件应急处置的各环节都要坚持效率原则，建立健全快速反应机制，及时获取充分而准确的信息，跟踪研判，果断决策，迅速处置，最大限度地减少危害和影响。建立和完善联动协调制度，推行××高速公路内部统一接警、分级分类处置工作制度，加强部门之间、高速集团与地方之间的沟通协调，形成反应灵敏、协调有序、运转高效的应急管理机制。

1.5　应急预案体系

××高速公路突发事件应急预案体系如图 6.1 所示。

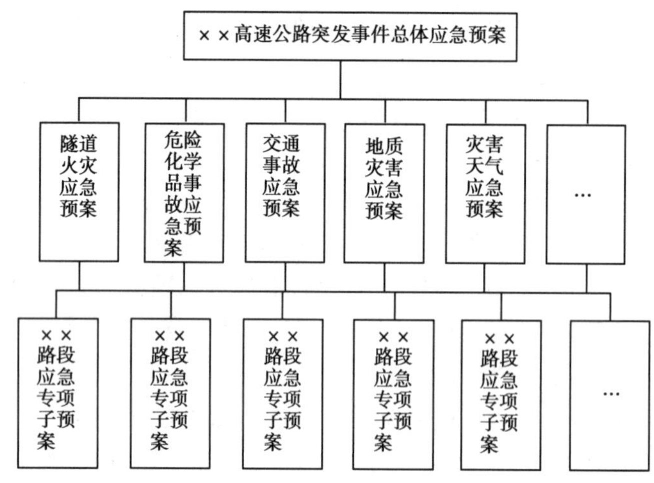

图 6.1　××高速公路突发事件应急预案体系

其中：

①××高速公路突发事件总体应急预案。总体应急预案是××高速公路突发事件应急预案体系的总纲，是××高速公路集团应对××市高速公路突发事件的规范性文件，由××高速公路集团制定并公布实施，报上级主管部门备案。

②××高速公路突发事件专项应急预案。专项应急预案是××高速公路为应对某一类型或某几种类型的高速公路突发事件而制定的专项应急预案，由路网管理中心制定并公布实施。主要涉及火灾、地质灾害、交通事故、危险品事件、灾害天气、特殊安保等方面的事件。

③××高速公路突发事件路段应急专项子预案。专项子预案是××高速公路集团各营运公司在××高速公路突发事件应急总体预案和专项应急预案的框架下，为及时应对辖区内发生的突发事件而制定的应急专项子预案。由各营运公司制定并公布实施，报

路网管理中心备案。

2 应急启动级别

××高速公路机电设备故障、社会公共服务、群体性事件、经营及办公场所火灾事故等突发事件应急处置方案不进行分级；××高速公路发生的交通事故、危险化学品运输事故、工程抢险、恶劣天气等根据事件危害程度划分为相应启动级别；××高速公路发生的桥梁和隧道突发事件，依据时间的特性参照工程抢险和重、特大交通事故启动标准执行。具体分级标准如下：

2.1 Ⅰ级启动标准（特别重大）

①重、特大交通事故Ⅰ级启动标准；

②危险化学品运输事故Ⅰ级启动标准；

③工程抢险事故Ⅰ级启动标准；

④恶劣天气Ⅰ级启动标准。

2.2 Ⅱ级启动标准（重大）

①重、特大交通事故Ⅱ级启动标准；

②危险化学品运输事故Ⅱ级启动标准；

③工程抢险事故Ⅱ级启动标准；

④恶劣天气Ⅱ级启动标准。

2.3 Ⅲ级启动标准（较大）

①重、特大交通事故Ⅲ级启动标准；

②危险化学品运输事故Ⅲ级启动标准；

③工程抢险事故Ⅲ级启动标准；

④恶劣天气Ⅲ级启动标准。

2.4 Ⅳ级启动标准（一般）

恶劣天气Ⅳ级启动标准。

3 应急组织体系与职责

3.1 应急组织体系

××高速公路的应急组织体系包括应急指挥小组、应急办公室以及现场处置小组。

（1）应急指挥小组

当××高速公路发生Ⅰ、Ⅱ级别的交通事故、危险化学品运输事故、恶劣天气、工程抢险突发事件后，由××高速公路集团应急指挥小组进行指挥和协调。

总指挥：××高速公路集团负责人（总经理）（Ⅰ级）、分管副负责人（副总经理）（Ⅱ级）。

副指挥长：××高速公路集团值班领导或分管领导（Ⅰ级）、应急办公室主任（Ⅱ级）。

成员：养护中心、路政大队、管理所、工程技术部、运营部、经营开发中心、综合管理部、监控中心、财务部的负责人。

相关说明：Ⅰ级突发事件的应急指挥小组指挥长原则上由××高速公路集团负责人担任，若总经理因故无法履行指挥长职责，可委派分管副负责人或其他人选担任指挥长；若未指派人选或分管副负责人也无法履行指挥长职责，则由××高速公路集团值班领导担任指挥长。

（2）应急办公室

领导组下设××高速公路集团应急办公室，应急办公室挂靠在××高速公路集团综合管理部，应急办公室主任由综合管理部主任兼任。应急办公室在常态下负责应急值班，突发事件下履行值守应急、信息汇总和综合协调职能，发挥运转枢纽作用。

（3）现场处置小组

××高速公路交通事故、危险化学品运输事故和工程抢险突发事件的应急处置应设立现场应急处置小组。

Ⅰ级（特别重大）及Ⅱ级（重大）突发事件下，现场处置小组组长原则上由应急指挥小组指挥长委派；若应急指挥小组指挥长尚未指派现场处置小组组长或被指派人尚在赶赴现场途中，则由相关辖区路政大队负责人兼任交通事故与危险化学品运输事故现场处置小组组长，养护中心负责人兼任工程抢险现场处置小组组长。

Ⅲ级以下（含）突发事件下，由相关辖区路政大队负责人兼任交通事故与危险化学品运输事故现场处置小组组长，养护中心负责人兼任工程抢险现场处置小组组长。

3.2　应急组织的职责

××高速公路应急管理体系下的各级组织及机构在突发事件下分别承担且不限于以下职责：

（1）××高速公路集团应急指挥小组职责

负责Ⅰ级（特别重大）及Ⅱ级（重大）突发事件下的组织、指挥和综合协调；负责各项应急措施的落实及专项方案执行情况的评判，并在事后公布有关部门、人员的奖惩。

（2）应急办公室职责

负责应急值守，及时向应急指挥小组报告突发事件信息，传达应急指挥小组关于事故救援工作的批示和意见；接收上级单位的重要批示、指示，迅速呈报高速集团领导阅批，并负责督办落实；需派工作组前往现场协助救援和开展事故调查时，及时向应急指挥小组等通报情况，并协调有关事宜；负责专项应急预案执行情况的资料收集、经验总结等；完成对突发事件应急工作的总结和评估；代表××高速公路集团，负责与地方政府、企业、相关单位等进行联系；负责重大突发事件上报信息的审定及宣传报道。

（3）现场处置小组职责

代表××高速公路集团负责突发事件现场的组织、指挥和综合协调；配合当地政府、高速交警以及地方专业应急救援机构，实施现场应急处置和救援行动，维护高速公路运行畅通，维护路权路产。

4 预警与应急准备

4.1 预警信息传递机制

在沿线村镇建立突发事件信息员报告制度，聘请专职或兼职信息员，必要时提供通信器材，扩展信息渠道。充分利用和发挥热线电话“12122”的功能。

4.2 危险源排查与识别

各部门对管辖范围内容易引发自然灾害、事故灾难等突发事件的危险源、危险区域进行调查、登记、风险评估，定期进行检查、监控，并采取安全防范措施，及时消除隐患。

4.3 应急物资日常储备

养护和路政部门要建立健全应急物资储备保障制度，完善重要应急物资的计划、储备、调拨和紧急配送体系。保证预留一定数额的防汛抢险专项资金，用于临时租赁机械、物资，并储备一定数量的融雪剂、防滑料、编织袋、铁锹、沙石料等应急物资。

4.4 应急救援信息网络

与交警、武警、驻地公安、消防、医院等其他合作单位分别建立“紧急救援信息热线”，保证信息畅通，遇有突发情况可快速联络，形成高速公路应急处置的有效信息网络。

5 应急响应程序

5.1 信息传递

(1)信息报告程序

突发事件信息报告程序采用分类上报程序，即工程抢险和危险化学品运输事故，如达到Ⅰ级启动标准，采用越级和逐级上报相结合的程序，其他级别和类型的突发事件采用逐级上报的程序。具体报送程序见各专项应急预案。

(2)信息报告内容

信息报告内容要求准确、客观、全面，主要包括发生时间、发生地点、事件类别、发生原因、人员伤亡及其数量、应对措施、预计时间及其他内容等。有关单位和人员报送、报告突发事件信息，应做到及时、客观、真实，不得迟报、谎报、瞒报、漏报。

(3)信息发布

××高速公路信息监控中心和各收费站入口应及时通过交通台、网站、可变情报板等各种途径，向社会通报实时路况及交通管制信息，提醒驾驶人员注意安全，减速慢行或绕道行驶。信息发布应及时、准确、客观、全面。

5.2 应急启动

××高速公路的专项应急处置预案启动分为四级：

(1) Ⅰ级应急启动

当突发事件达到Ⅰ级应急启动标准时，由管段养护部门或路政大队负责人向××高速公路集团应急办公室建议启动应急预案，由应急指挥小组组长(高速集团负责人)发布应急预案启动指令。

(2) Ⅱ级应急启动

当突发事件达到Ⅱ级应急启动标准时,由管段养护部门或路政大队负责人通过××高速公路集团应急办公室向值班领导建议启动应急预案,由应急指挥小组组长(××高速公路集团副负责人或值班领导)发布应急预案启动指令。

(3) Ⅲ级应急启动

当突发事件达到Ⅲ级应急启动标准时,由管段养护站或路政中队负责人建议启动应急预案,由养护中心或管段路政大队负责人发布应急预案启动指令,并报××高速公路集团应急办公室值班人员确认备案。

(4) Ⅳ级应急启动

恶劣天气条件下,由路政大队负责人向监控中心建议启动,由××高速公路集团应急办公室值班人员启动应急预案指令。

5.3　应急处置流程

××高速公路的应急处置主要涉及部门包括应急办公室、监控中心、路政大队、养护中心、管理所、经营开发公司。各部门的主要应急流程如图 6.2 所示。

5.4　应急解除

(1)解除标准

符合下列条件的,自突发事件现场应急处置小组提供应急结束的信息,结束应急响应所采取的各项特别措施:

①险情排除,道路恢复畅通;

②现场抢救活动已经结束;

③突发事件得到控制和消除;

④受危险威胁人员安全离开危险区并得到良好安置;

⑤涉及交通管制的,由交警作出解除决定,通报信息监控中心发布信息。

(2)解除人

××高速公路所有专项应急预案处置的解除人为应急指令的启动人。

6　后期处置

应急工作结束后,相关单位应收集、整理、汇总相关信息,3 日内报应急办公室;应急办公室应及时对应急工作进行认真的总结和评估,总结本次应急工作的经验和存在的问题,评估服务的效益,总结评估报告递呈××高速公路集团应急指挥小组和省局应急办公室,并留存归档备查。

7　外部协同

7.1　上级部门汇报

××高速公路集团应急办公室在××市交通厅和高速公路管理局的要求下,负责向××市交通厅报送公路突发事件处置的相关信息。××高速公路集团××路政支队负责依据《××市高速公路交通阻断信息报送管理办法》的规定,将高速公路阻断的相关信息报送高速公路管理局路政法规处。

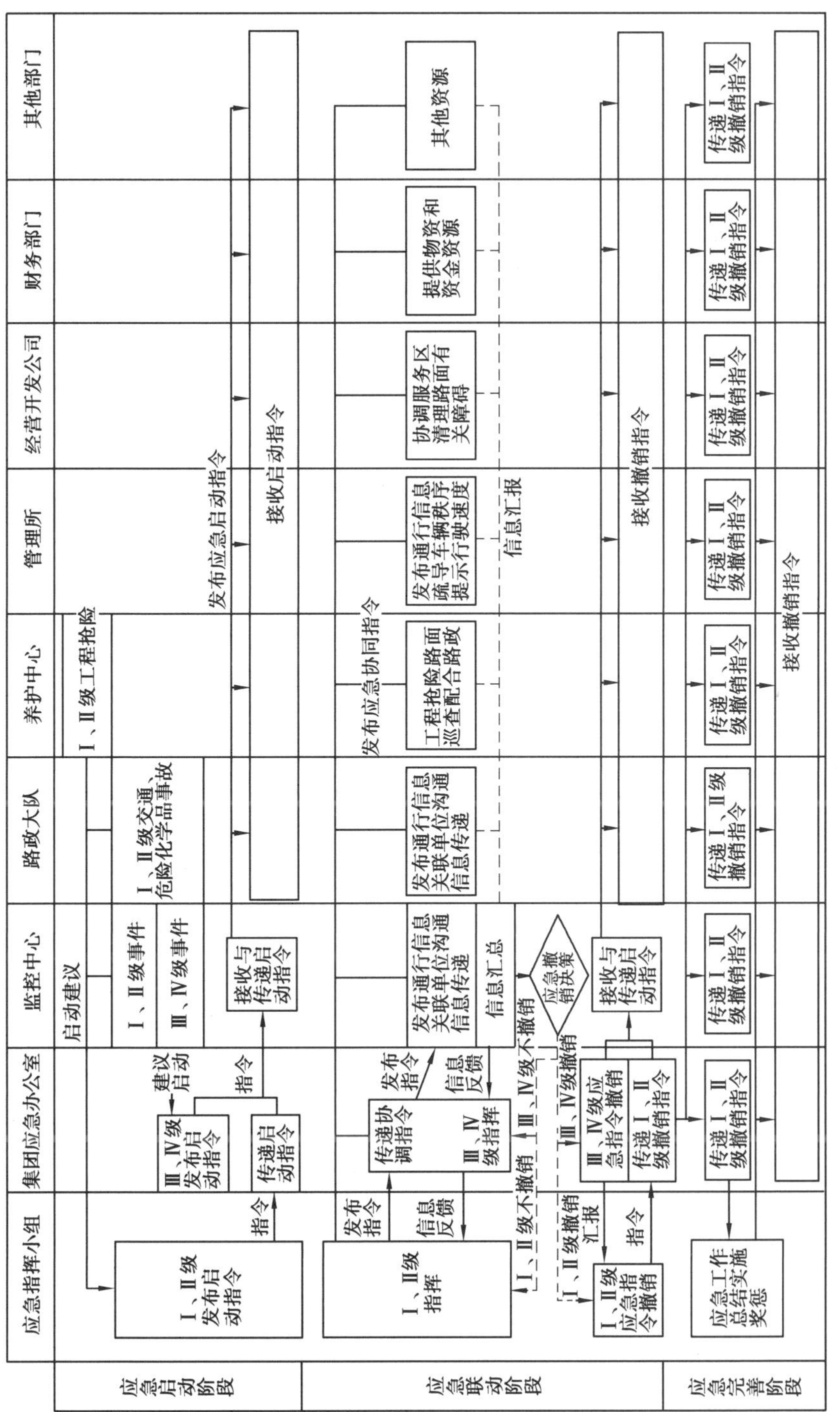

图6.2 ××高速公路应急处置流程

7.2 对外公共关系

××高速公路集团应急办公室是××高速公路应急信息公布和宣传的唯一部门,负责××高速公路集团应急处置过程、流程、信息的发布和记者接待工作。

7.3 相关单位联系

××高速公路集团应急办公室负责与所辖高速公路沿途的地方政府、武警、相关企业、运输公司的应急沟通工作,并依据相关单位的建议和要求,统一调度××高速公路集团各部门进行应急处置的协同。

8 应急保障

8.1 大值班制度

在××高速公路集团内部逐级建立值班制度,加强值班工作,值班领导和值班工作人员必须坚守岗位,值班电话、传真机必须 24 小时畅通,确保各类信息的及时准确传递。

8.2 队伍保障

××高速公路集团各部门要建立突发事件应急处置常备队伍,能够随时处置突发事件,负责开展突发事件的分析、评估和上报,协助和指导突发事件现场抢修、救援等应急工作处置。

8.3 制度保障

××高速公路集团各部门要建立严格的突发事件预警、应急处理责任制和责任追究制,逐步建立部门内部的应急方案。

8.4 物资保障

××高速公路集团养护中心以及相关部门要依据部门的工作实际情况,做好公路抢修、桥梁战备物资的储备工作。

8.5 财力资源

××高速公路集团应在财政预算中安排处置突发事件专项资金,用于救援装备的购置、维护和管理,预案的编制和演练,以及物资的购置、补给和征用物资的补偿等。处置事故资金根据实际需要予以核拨,情况紧急时可以先行预拨,保障应急需要。

9 附件与附则

9.1 预案的演练与更新

本应急预案每年至少演练一次。

本应急预案在下列情况下应进行更新:

①本预案所依据的法律法规作出调整或修改,或国家出台新的应急管理相关法律法规;

②原则上每两年组织修订、完善本应急预案;

③根据日常应急演练和实际应急处置工作中取得的经验,需对本预案作出修改或调整时;

④××高速公路集团认为必要时。

本应急预案的演练与更新在××高速公路集团应急管理委员会的授权下由综合管理部负责具体组织与实施。

9.2 奖励与责任追究

对应急管理工作中作出突出贡献的先进集体和个人应及时给予宣传、表彰和奖励。

对在重大事故中漏报、瞒报、误报信息，造成重大损失的人员，在处理重大事故中玩忽职守、临阵脱逃、擅离职守、不听从指挥的人员，以及其他危害抢险救灾工作的人员，给予降级或撤职处分；造成严重后果的，给予开除；构成犯罪的，依法追究刑事责任。

具体奖惩方案由××高速公路集团综合管理部根据突发事件的应急处置实践进行制定，提交××高速公路集团应急指挥小组讨论后实施。

9.3 发布与培训

本应急预案自发布之日起开始执行。××高速公路集团综合管理部组织应急管理专家对相关人员进行培训，每年至少培训一次。

6.2 专项应急预案示例

××高速公路危险化学品运输事故应急预案

1 总则

1.1 编制目的

为规范××高速公路危险化学品运输事故的应急管理和应急响应程序，及时有效地组织实施危险化学品运输事故的应急救援工作，最大限度地降低事故危害程度，保障高速公路安全畅通，提高高速公路的社会效益和经济效益，特制定本应急预案。

1.2 编制依据

《中华人民共和国公路法》、《中华人民共和国道路交通安全法》及其实施条例、《中华人民共和国突发事件应对法》、《危险化学品安全管理条例》、《道路危险货物运输管理规定》、《高速公路交通应急管理程序规定》、《公路交通突发事件应急预案》、《××省高速公路管理条例》和《××省突发公共事件总体应急预案》等。

1.3 适用范围

本预案适用于××高速公路发生以下危险化学品运输事故情况下的应急处置工作：

①载有易燃、易爆、剧毒、腐蚀、放射等危险化学品的车辆在高速公路上发生交通事故，可能造成严重后果的；

②载有易燃、易爆、剧毒、腐蚀、放射等危险化学品的车辆在高速公路上发生泄漏、爆炸、流散等情况的。

1.4 工作原则

以人为本、预防为主、科学处置、快速联动。

2　启动标准

2.1　Ⅰ级启动标准

危险化学品运输事故为以下情况之一,启动Ⅰ级应急程序:

①危险化学品运输车辆发生事故形成道路堵塞,预计交通中断或阻塞超过24小时的;

②危险化学品出现泄漏,可能对人民生命财产或生态环境构成重大威胁的;

③抢修、处置时间预计在12小时以上的危险化学品运输事故。

2.2　Ⅱ级启动标准

危险化学品运输事故为以下情况之一,启动Ⅱ级应急程序:

①危险化学品运输车辆发生事故形成道路堵塞,预计交通中断或阻塞超过12小时的;

②危险化学品出现泄漏,但对人民生命财产或生态环境不构成重大威胁的;

③抢修、处置时间预计在6小时以上的危险化学品运输事故。

2.3　Ⅲ级启动标准

危险化学品运输事故为以下情况之一,启动Ⅲ级应急程序:

①危险化学品运输车辆发生事故但未形成道路堵塞且未出现泄漏;

②事故未造成人员伤亡,且对人民生命财产或生态环境不构成威胁的。

3　组织指挥体系

3.1　Ⅰ级组织指挥体系

(1)应急指挥小组

总指挥:××高速公路集团负责人。

副总指挥:分管副负责人。

成员:综合管理部、监控中心、工程技术部、路政支队、管理所、运营部、经营开发中心、财务部的负责人。

应急指挥小组下设应急办公室,挂靠××高速公路集团综合管理部,综合管理部主任兼任应急办公室主任。

(2)现场处置小组

组长:××高速公路集团负责人。

副组长:分管副负责人。

成员:管段路政大队负责人、养护中心负责人、相关管理所负责人、相关服务区负责人。

3.2　Ⅱ级组织指挥体系

(1)应急指挥小组

总指挥:××高速公路集团分管副负责人。

副总指挥:应急办公室主任。

成员:综合管理部、监控中心、工程技术部、路政支队、管理所、运营部、经营开发中心、财务部的负责人。

应急指挥小组下设应急办公室，挂靠在××高速公路集团综合管理部，综合管理部主任兼任应急办公室主任。

(2)现场处置小组

组长：总指挥委派。

副组长：管段路政大队负责人、养护中心负责人。

成员：管段路政中队负责人、养护站负责人、相关管理所负责人、相关服务区负责人。

3.3　Ⅲ级组织指挥体系

(1)应急指挥小组

总指挥：××高速公路集团值班领导。

副总指挥：应急办公室主任。

成员：综合管理部、监控中心、工程技术部、路政支队、管理所、运营部、经营开发中心、财务部的负责人。

应急指挥小组下设应急办公室，挂靠××高速公路集团综合管理部，综合管理部主任兼任应急办公室主任。

(2)现场处置小组

组长：管段路政大队负责人或管段路政大队值班负责人。

副组长：管段路政大队副队长、养护中心负责人。

成员：管段路政中队负责人、养护站负责人、相关管理所负责人、相关服务区负责人。

4　应急处置

4.1　接警与启动

4.1.1　Ⅰ级响应

①监控中心为危险化学品运输事故信息的集中受理中心。监控中心及时受理来自××高速公路集团内、外部信息渠道的路面报警。接警后在“紧急电话接听记录”(附件二，本书略)上记录。

②监控中心根据报告情况，对事故级别进行预判。如预判事故情况满足危险化学品运输事故Ⅰ级启动标准，应立即增派1~2名电话联络人员，按照以下顺序通知各相关部门及单位：医疗救护、交警、地方消防、环保、地方政府应急办公室、安监等专业部门，管段路政中队、管段养护站、××高速公路集团应急办公室。

③管段路政中队、管段养护站接警后迅速出警，但注意不要进入危险化学品事故现场的安全距离之内。当判断事故情况满足危险化学品运输事故Ⅰ级启动标准，由路政中队负责人通知路政大队负责人立即赶往现场，并由路政大队负责人向××高速公路集团应急办公室提请启动危险化学品运输事故Ⅰ级应急预案，如图6.3所示。

④××高速公路集团应急办公室请示××高速公路集团应急指挥小组指挥长后，由

指挥长下达危险化学品运输事故Ⅰ级应急预案启动指令。××高速公路集团应急办公室通知应急指挥小组其他成员实施应急指挥小组职能，并将危险化学品运输事故Ⅰ级应急预案启动指令向监控中心下达。由监控中心向路政大队、养护中心、管理所、服务区发布实施危险化学品运输事故Ⅰ级应急预案指令。

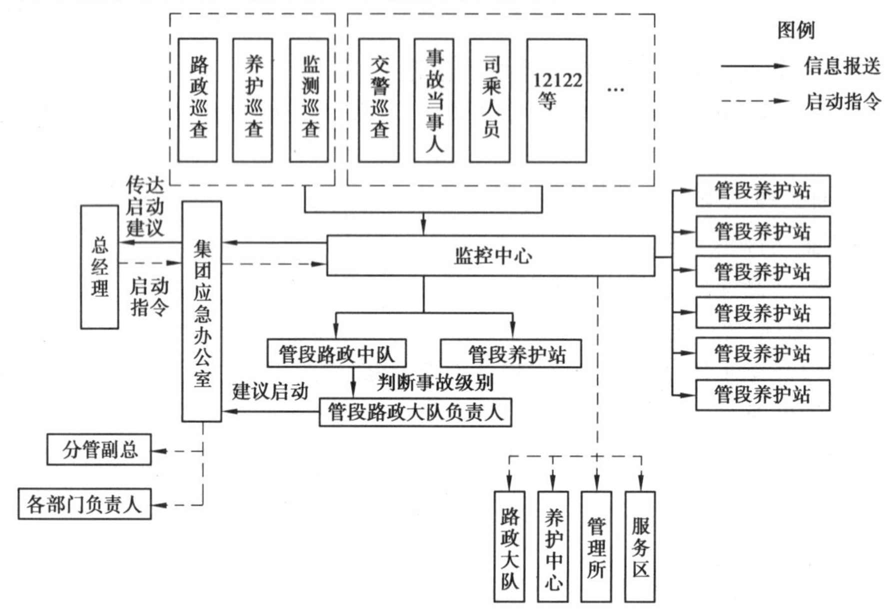

图 6.3　危险化学品运输事故Ⅰ级应急预案信息报送与预案启动示意图

⑤应急指挥小组指挥长确定现场处置小组的组长及副组长人选，委派其赶赴现场协调指挥和指导××高速公路集团的现场应急处置工作。

4.1.2　Ⅱ级响应

①监控中心为危险化学品运输事故信息的集中受理中心。监控中心及时受理来自××高速公路集团内、外部信息渠道的路面报警。接警后在“紧急电话接听记录”（附件二，本书略）上记录。

②监控中心根据报告情况，对事故级别进行预判。如预判事故情况满足危险化学品运输事故Ⅱ级启动标准，应立即增派 1 名电话联络人员，按照以下顺序通知各相关部门及单位：医疗救护、交警、地方消防、环保、地方政府应急办公室、安监等专业部门，管段路政中队、管段养护站、××高速公路集团应急办公室。

③管段路政中队、管段养护站接警后迅速出警，但注意不要进入危险化学品事故现场的安全距离之内。当判断事故情况满足危险化学品运输事故Ⅱ级启动标准，由路政中队负责人通知路政大队负责人立即赶往现场，并由路政大队负责人向××高速公路集团应急办公室提请启动危险化学品运输事故Ⅱ级应急预案，如图 6.4 所示。

④××高速公路集团应急办公室请示××高速公路集团应急指挥小组指挥长后，由指挥长下达危险化学品运输事故Ⅱ级应急预案启动指令。××高速公路集团应急办公室通知应急指挥小组其他成员实施应急指挥小组职能，并将危险化学品运输事故Ⅱ级

应急预案启动指令向监控中心下达。由监控中心向路政大队、养护中心、管理所、服务区发布实施危险化学品运输事故Ⅱ级应急预案指令。

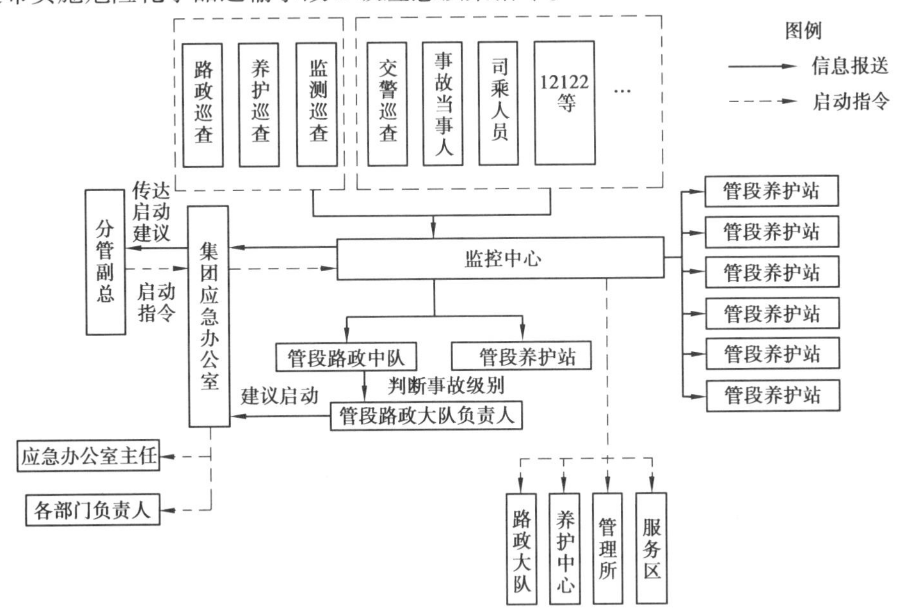

图 6.4 危险化学品运输事故Ⅱ级应急预案信息报送与预案启动示意图

⑤应急指挥小组指挥长确定现场处置小组的组长及副组长人选，委派其赶赴现场协调指挥和指导××高速公路集团的现场应急处置工作。

4.1.3 Ⅲ级响应

①监控中心为危险化学品运输事故信息的集中受理中心。监控中心及时受理来自××高速公路集团内、外部信息渠道的路面报警。接警后在“紧急电话接听记录”(附件二，本书略)上记录。

②监控中心根据报告情况，对事故级别进行预判。如预判事故情况满足危险化学品运输事故Ⅲ级启动标准，应立即按照以下顺序通知各相关部门及单位：医疗救护、交警、地方消防、环保、地方政府应急办公室、安监等专业部门，管段路政中队、管段养护站、××高速公路集团应急办公室。

③管段路政中队、养护站接警后迅速出警，但注意不要进入危险化学品事故现场的非安全范围。当判断现场情况满足危险化学品运输事故Ⅲ级启动标准，由路政中队负责人通知路政大队负责人立即赶往现场，并提请路政大队负责人启动危险化学品运输事故Ⅲ级应急预案，如图 6.5 所示。

④路政大队负责人下达危险化学品运输事故Ⅲ级应急预案启动指令，并通知××高速公路集团应急办公室。××高速公路集团应急办公室通知××高速公路集团当日值班领导，并将危险化学品运输事故Ⅲ级应急预案启动指令向监控中心下达。由监控中心向路政大队、养护中心、管理所、服务区发布实施危险化学品运输事故Ⅲ级应急预案指令。

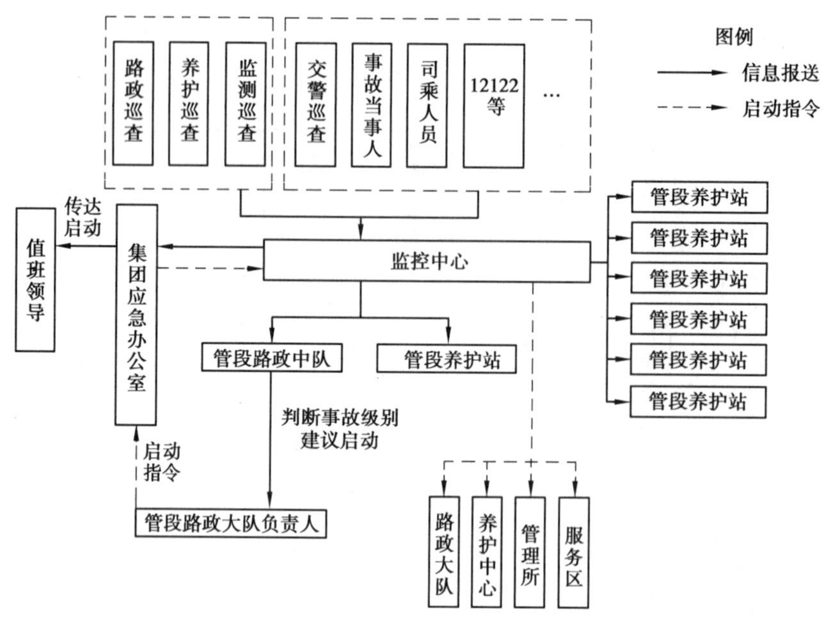

图 6.5　危险化学品运输事故Ⅲ级应急预案信息报送与预案启动示意图

⑤路政大队负责人成立现场处置小组，开展现场协调指挥和指导现场应急处置工作。

4.2　指挥协调与联动

4.2.1　现场指挥协调机构

现场工作组为现场指挥协调机构，现场工作组的组建原则如下：

①当现场工作组由地方政府统一组建时，××高速公路集团应急指挥小组派出副总以上级别的领导参加现场工作组；

②当现场工作组由其他外单位部门统一组建时，××高速公路集团应急指挥小组派出部门经理以上级别的领导参加现场工作组；

③当没有明确组建统一的现场工作组的情况下，××高速公路集团应急指挥小组依照本预案“3 组织指挥体系”的规定组建现场工作组。

4.2.2　联动与应急处置

依据“属地管理”原则，高速公路发生危险化学品运输事故应由当地政府组织资源与力量开展应急处置工作。在当地政府的统一指挥协调下，××高速公路集团应积极配合做好以下工作：

（1）设置警戒区

先期到达的路政人员配合交警迅速设置警示标志、警示牌，停放好车辆，划定警戒区。根据危险化学品事故的危害范围、危害程度与危险化学品事故源的位置，配合交警划分事故中心区域、事故波及区域及事故可能影响区域。

(2)现场保卫和交通疏导

现场保卫和交通疏导以交警为主,路政人员按照下列程序进行配合:

①根据人民政府、应急指挥部或有关负责部门的指令,配合交警划定隔离区,封闭道路,疏散过往车辆、人员,禁止无关人员、车辆进入现场。同时,根据需要配合交警采取临时交通分流、交通管制措施;配合交警在来车方向警戒,防止发生二次事故。

②确保紧急救援通道畅通,配合交警引导指挥、消防、急救、勘查、抢险、环保等部门的车辆驶入现场,依次停放在警戒线内的来车方向便于勘查、救援的位置(车辆应当开启警灯,夜间还应当开启危险报警闪光灯和示廓灯),指挥其他车辆迅速驶离现场。

③配合交警指挥驾驶人、乘客等人员在路边安全地带等候,劝说围观人员退离现场划定范围,防止发生意外。

④现场路政、养护部门负责事故基本情况、施救、处置进展等情况的信息搜集、整理和反馈,做好上传下达、请示报告工作。配合交警和医疗人员做好现场死伤人员、乘客的转移安置工作,根据勘查和抢救工作的需要,做好车辆、物资的调度工作。

(3)危险化学品处置

危险化学品处置原则上以当地政府、安监、消防部门为主,××高速公路集团管理人员可在安全距离之外配合参与以下应急工作:

①及时向驾驶人、押运人员及其他有关人员了解运载物品的情况和可能造成的危害程度,随时向应急指挥部报告;尽可能查清泄漏物的种类、属性和泄漏源,不要让有毒和腐蚀性物质粘在手上和皮肤上。

②根据现场情况,当安监、消防、医疗等部门确定危险区域后,配合相关部门疏散无关人员。

(4)事故调查

事故调查以交警为主,路政人员可配合交警进行以下工作:

①在了解所载物品性质前,不得进入警戒区域,待险情消除后方可勘查现场。在此之前可先在警戒线外拍照、摄录现场情况。

②勘查交通事故现场,拍摄现场照片和对现场进行摄像,绘制现场图,采集、提取痕迹、物证,制作现场勘查笔录。

③对确定的交通事故肇事人,要采取必要的控制措施,同时注意查找相关证人。

(5)现场撤除及其他善后工作

①现场勘查完毕后,路政、养护部门应当组织清理现场,登记、保存当事人遗留物品和有使用价值的物品,并根据环保部门对危险化学品遗留及危害情况的监测,确定恢复交通。

②及时确定交通事故死亡人员、受伤人员及其姓名、住址、家属联系方式及伤者所住医院、伤情和安置情况,视情况通知当事人家属及单位。

③路政人员配合交警讯问当事人,查找证人,进行检验鉴定,展开事故调查。对涉嫌构成犯罪的交通事故当事人,依法采取强制措施。

④应急办公室综合事故救援、调查等情况，按照要求写出事故书面报告，在24小时内上报应急指挥小组。

4.3 各部门职责

(1)应急指挥小组

①在省交通运输厅、高速公路管理局的指挥协调下，具体落实××高速公路集团职责分工下的各项管理措施，配合警方做好危险化学品运输事故条件下的高速公路管理工作；

②负责与××高速公路集团外部的相关单位进行协调与沟通，并指挥协调内部的各项应急处置工作，必要时亲临现场或坐镇监控中心进行指挥调度；

③决定Ⅰ、Ⅱ级应急处置方案的启动、降级和撤销；

④督促××高速公路集团的各部门落实应急指挥小组的各项指令。

(2)应急办公室

①负责收集整理监控中心上报的应急信息，并送达应急指挥小组领导；

②把××高速公路集团应急指挥小组的各项决议向监控中心传达；

③在应急指挥小组的领导下，负责与相关单位进行协调与沟通，调配应急所需的各项资源。

(3)监控中心

①及时受理来自××高速公路集团内外部信息渠道的路面报警，对事故级别进行预判；

②负责收集路政、养护巡查人员对危险化学品运输事故现场信息的反馈，及时与交警部门协商，向其征询交通管制意向；

③负责××高速公路集团应急处置指令与路面信息的发布与传递工作，并做好传递信息的记录工作；

④统一规范并委托相关管理所监控室在可变情报板、可变限速标志上发布路况信息及交通管制的相关信息。

(4)路政部门

①负责站口车辆的疏导工作，对仍在道路上行驶的车辆进行安全引导；

②负责配合现场交警确定事故中心区域、事故波及区域及事故可能影响区域，组织人员设置安全标志；

③积极配合抢救伤员，为医疗急救车辆提供通行引导；

④加大道路巡查的力度与密度，及时掌握道路通行状态，适时向监控中心汇报相关信息。

(5)管理所

①负责在收到封闭指令后在入站口摆设挡车栏，开启禁止通行指示灯，根据监控中心要求在可变情报板、可变限速标志上发布路况信息及交通管制的相关信息。

②负责开辟紧急通道，保证执行现场指挥、抢险、救护、消防等任务的车辆快速通行。实施分流的收费站应迅速开足出口车道，配备足够的收费员配合路政与交警的车辆疏导工作。

③收费员使用礼貌用语做好解释工作，并认真做好驾驶员和乘客的信息服务工作。

(6)养护中心

①在现场工作组统一指导下，及时获取地方安监、消防及环保等部门对危险化学品处置的方案信息，并作出必要的应急措施，保障人身安全；

②备勤人员进入待命状态，养护、清扫、洒水等车辆随时做好出警准备；

③通知受影响路段的施工单位暂停施工。

5　善后处置

①综合管理部会同事发单位配合公安、消防、地方安监等部门查明事故原因；

②路政中队核查路产损失等情况，启动相应索赔程序进行理赔；

③应急办公室撰写事故报告，3 日内报××高速公路集团应急领导组办公室；

④应急办公室及时对应急工作进行认真总结和评估，总结本次应急工作的经验和存在的问题，评估服务的效益，总结评估报告报××高速公路集团应急领导组和省局应急领导组办公室，并存留归档备查。

6　附件与附则

6.1　预案的演练与更新

本应急预案每年至少演练一次。

本应急预案在下列情况下应进行更新：

①本预案所依据的法律法规作出调整或修改，或国家出台新的应急管理相关法律法规；

②原则上每两年组织修订、完善本应急预案；

③根据日常应急演练和实际应急处置工作中取得的经验，需对本预案作出修改或调整时；

④××高速公路集团认为必要时。

本应急预案的演练与更新在××高速公路集团应急管理委员会的授权下由综合管理部负责具体组织与实施。

6.2　奖励与责任追究

对应急管理工作中作出突出贡献的先进集体和个人应及时给予宣传、表彰和奖励。对在重大事故中漏报、瞒报、误报信息，造成重大损失的人员，在处理重大事故中玩忽职守、临阵脱逃、擅离职守、不听从指挥的人员，以及其他危害抢险救灾工作的人员，给予降级或撤职处分；造成严重后果的，给予开除；构成犯罪的，依法追究刑事责任。

具体奖惩方案由××高速公路集团综合管理部根据突发事件的应急处置实践进行制定，提交××高速公路集团应急指挥小组讨论后实施。

6.3　预案的发布与培训

本应急预案自发布之日起开始执行。××高速公路集团综合管理部组织应急管理专家对相关人员进行培训，每年至少培训一次。

6.4　相关部门电话

本预案涉及的部门电话见附件一（本书略）。

6.3　现场处置方案示例

××高速公路经营管理机构公路改道应急方案

1　启动标准

高速公路在运营中，因洪水、山体滑坡、道路塌方、泥石流、地震灾害、事故灾难、社会安全事件、危险化学品泄漏等事件导致单向车道不具备通行能力时，需要进行公路应急改道。符合下列条件之一，即可启动本应急方案：

①洪水、山体滑坡、道路塌方、泥石流、地震灾害等不可抗力因素引发的高速公路交通中断或较长时间阻塞，需进行应急改道处理的；

②高速公路、桥梁、沿线及其附属设施遭受严重破坏，丧失正常使用功能，需改道确保道路畅通的应急行动；

③运营管理中发生各类事故灾难、社会安全事件等，影响高速公路运营安全，需及时改道处置的；

④发生交通事故预计 2 小时以内无法处置完毕或造成车辆滞留 2 000 米以上的；

⑤发生各类突发事件需要进行应急改道处置的。

2　应急组织机构与职责

2.1　指挥机构

组　长：路政现场负责人（大队长、中队长）

副组长：养护站现场负责人、项目办现场负责人（经理或副经理）

成　员：路政员（若干名）、项目办专职安全员、项目办施工员（若干名）、项目办现场作业人员（若干名）

2.2　岗位职责

（1）路政现场负责人

①决定本项应急方案的启动、撤销；

②负责联合交警部门制定现场应急改道措施；

③通知所辖养护管理站组织养护施工单位进行应急改道；

④配合交警对改道作业现场进行监管；

⑤监管相关养护施工单位是否按要求实施封道、改道、路面清理工作。

(2)养护站现场负责人

①及时通知并督促养护施工单位按要求赶赴现场实施应急改道；

②根据需要及时到现场配合处理应急事件。

(3)路政员

①配合交警对改道作业现场进行监管；

②监管相关养护施工单位是否按要求实施封道、改道、路面清理工作。

(4)项目办现场负责人

①负责与路政现场负责人进行协商,确定应急改道方案；

②负责本单位应急施工人员的构成；

③观察应急改道现场事故源,随时通知本组织的作业人员；

④监管施工人员是否按要求实施封道、改道、路面清理工作。

(5)项目办专职安全员

①负责观察应急改道现场事故源,随时通知项目办现场作业人员；

②随时观察现场作业人员的标志牌和标志桶是否按照要求摆放,并进行实时指导和提示。

(6)项目办施工员

①组织现场作业人员进行拆卸和摆放标志桶等作业；

②提示作业人员注意安全防护。

(7)项目办作业人员

在现场施工员的领导下,进行改道施工作业。

3　预警与应急准备

3.1　危险源状态监控

项目办现场负责人与路政、公安、消防等组织的负责人就危险源的变化情况进行实时交流,并对危险源将导致施工作业人员的安全可能性进行预判,随时保障相关人员的安全;项目办安全员要实时监察施工作业人员的工作规范性,并监控危险源状态的变化,作好预判与预防提示。

3.2　预防措施

项目办现场负责人在赶赴改道现场前,要详细询问应急改道的原因。在危险化学品泄漏突发事件下,要准备一定数量的防护服、口罩等个人防护物品;在岩崩、塌方等突发事件下,要准备相应的安全帽、安全养护防护服等物品。项目办现场负责人和专职安全员负责在施工作业前,将突发事件的基本情况、危险与注意事项等信息告知施工作业人员,项目办负责人与专职安全员要实时观察危险源,并对事件状态趋势进行预判,做好各项预防措施。

4　信息报告程序

突发事件应急改道的信息报告流程如图 6.6 所示。

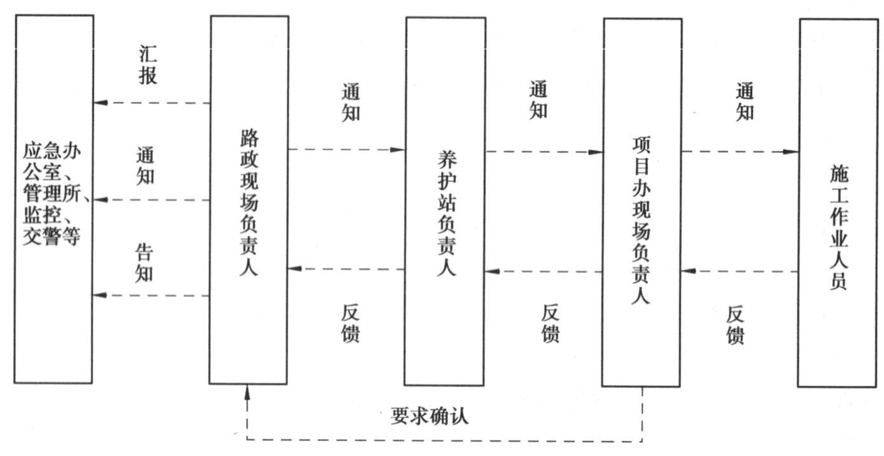

图 6.6　应急改道的信息报告流程

路政大队联合交警部门制定应急改道方案后，通知养护站、项目办，项目办在施工完毕后，要求路政大队确认改道方案实施情况，路政大队将相关信息汇报给××高速公路集团应急办公室，并传递到管理所、监控中心等部门，并告知交巡警。

5　应急处置

5.1　*启动*

①路政大队联合交警部门制定应急改道方案后，路政大队宣布启动“应急改道应急预案”，并通知养护站相关负责人，养护站相关负责人负责通知项目办相关负责人。

②项目办接到养护站相关负责人的电话后，详细询问突发事件的基本情况。

③项目办依据突发事件的类型组成应急小组，并将相关应急装备装车。

5.2　*应急处置*

①项目办应急小组赶到事故发生点，施工人员指挥作业人员迅速到达两头的中央活动门处（××分钟，2 辆车）。

②作业人员快速拆卸中央活动钢板（每边×人，××分钟）。作业人员在施工人员指导下同步在超车道上顺行设置单幅双向行驶道的标志桶（需要路政车在施工车后方警示）和设置导向标志牌 10 个（×人）（顺行 40 分钟 2 000 米）。

③待上一步工作完成后，由路政车带队放行被堵塞车辆，分流进入单幅双向行驶道（双向行驶分流改道成功，前段改道时间共计 45 分钟）。

④事故处理完毕，作业人员拆除事故现场（时间不可预计）。

⑤施工人员指导作业人员快速安装中央活动钢板（每边×人，××分钟）。同步回收导向标志牌 10 个，采用超车道上倒行方式回收双向行驶道的标志桶（需要路政车在施工车后方警示）（逆行 50 分钟 2 000 米）。

⑥作业人员将标志牌全部上车后，施工车和路政车同时由超车道移入硬路肩（××分钟）。

⑦改道工作全过程结束，恢复正常行驶（双向行驶分流改道全部拆除，拆除时间共计 55 分钟）。

说明：按照应急改道工作方案要求，应急改道设置时间为养护应急突击队人员到场后 45 分钟；事故现场拆除后，恢复正常行驶的时间为 55 分钟。

5.3 撤销

改道工作完毕后，项目办现场负责人请路政相关负责人确认，由路政负责人宣布撤销“××高速公路××段应急改道应急预案完毕”，并通知相关部门和交巡警。

6 应急物资与装备保障

高速公路应急改道需要的物资和装备包括：钥匙、铁锹、扳手、标志桶、标志牌、车辆 2 辆、防护服、口罩等。

第7章　应急预案实例点评

本章通过点评《××工程防雷击专项应急预案》来说明在编制应急预案时需要注意的一些细节问题。其中一栏为防雷击专项应急预案正文，其体例为应急预案本身的体例，在此处未做任何改动，另一栏为点评部分。

如果条件允许，可以加上本企业的logo，突显企业CI形象。

应急预案的封面要求简洁明快，明确写出应急预案的具体名称。

编写应急预案时，在封面上还需简洁明了地交代该应急预案的编制单位、编写人、审核人、批准人和编制日期等信息。

首先对事故类型和危害程度进行分析，以便对应急预案编制进行定位。

××工程

防雷击专项应急预案

文件编号:　　　　编制单位:

编制人:　　　　审核人:

批准人:　　　　编制时间:

1　事故类型和危害程度分析

雷击是自然灾害的一种，指带电的云层对大地迅速放电，雷电通道两端形成上万伏的电位差，巨大的能量在瞬间释放出来。雷电灾害的严重性表现在它具有巨大的破坏性和危害性上，将对建筑物、电子通信设备、机械设备、电力设施以及对生命构成巨大威胁。雷击发生时往往会造成人员伤亡、失火、财产损失等，春、夏两季最易发生。

2 应急处置基本原则

①迅速行动、灵活应对。处理事故险情时由应急领导小组启动本预案并实施。

②以人为本。险情处理应首先保证人身安全(包括救护人员和遇险人员)。

③强化防护。迅速疏散无关人员,阻断危险物质来源,防止次生事故发生。

3 组织机构及职责

3.1 应急组织体系

公司事故应急救援指挥部由公司行政主管领导、分管生产的行政领导,以及公司办公室、安全质量、工程管理、调度中心、机运物资、财务、人力资源、社会保障、监察审计、工会、公安等部门和基层单位应急组织机构的负责人组成。

3.2 指挥机构及职责

1)指挥机构

公司事故应急救援指挥部由抢险、救护、疏导、保障、善后调查组和现场应急组织机构组成。

事故应急救援指挥部办公室设在调度中心,值班电话:×××。

抢险组:由工程管理、人力资源部门负责人和项目应急救援队伍组成。

救护组:由社会保障部门负责人和事故所在地医疗机构组成。

疏导组:由公安分处和项目保安组成。

保障组:由工程管理部、公司办公室、机运物资、财务负责人和项目办公室、项目计财部负责人组成,必要时邀请技术专家参加。

善后组:由工会、社会保障、财务部负责人和项目计财部负责人组成。

调查组:由工程管理、安全质量、监察审计部负责人和项目工程管理、项目安质部负责人组成。

现场应急组织机构:由现场施工单位有关人员组成。

介绍了应急处置的基本原则,可起到引言的作用。有些应急预案在开篇介绍建筑施工的特点或是应急预案的方针与目标等,所起的作用大同小异。

此外,最好对应急预案的适用范围、编制依据进行介绍。编制依据一般包括该类工程的相关规范及规程、地方法规、质量标准、工程的施工图纸,施工组织设计也是施工方案的编制依据。

另外,施工现场勘察设计得来的资料信息对其编制也有很重要的作用。在编写应急预案时,当采用的企业标准与国家通用规范不一致时,需要重点加以说明。

推荐采用列表的形式,列出编制依据涉及的现行相关规范、规程、主要标准、主要法规、设计图纸及有关文件等,更为直观明确。

2）公司事故应急救援指挥部职责

（1）总指挥的职责

①贯彻国家、地方、行业等上级有关安全应急管理的法律法规、标准和规程；

②组织实施单位应急预案，掌握单位事故灾害及险情情况，解决应急工作中的重大问题；

③根据事故现场的情况，下令进入相应级别的应急状态，必要时向上级（相关单位）应急救援机构报告有关情况；

④确保应急资源配备投入到位，组织公司进行总体应急演练，指挥公司的总体应急行动。

（2）副总指挥的职责

①协助总指挥开展应急指挥工作，总指挥不在位时，代行其职责；

②组织编制应急预案，监督落实公司应急行动程序，督促检查主管部门搞好培训、演练；

③进入应急状态时，负责事故现场指挥，并根据险情发展情况，提出改进措施；

④组织指挥善后现场恢复。

（3）应急办公室职责

①掌握公司事故灾害及险情情况，及时向总指挥报告。

②负责公司应急处置所需资源的统一调配，传达应急各项指令；根据总指挥指令负责向当地人民政府（相关单位）应急机构报告险情及信息沟通。

（4）抢险组职责

实施应急处置时，将人员和设备迅速撤离危险地点，根据现场情况，适时调整并调集人员、设备和物资搜救被困人员。

（5）救护组职责

负责现场伤员的医疗抢救工作，根据伤员受伤程度做好转运工作。

（6）疏导组职责

维护现场，将获救人员转至安全地带；对危险区域进行有效的隔离。

（7）保障组职责

负责应急救援方案的制定，并保证应急处置的通信、物资、设备和资金及时到位及后勤保障。

应急预案是针对可能发生的紧急事件所需的应急准备和应急响应行动而制定的指导性文件，其核心内容应包括企事业单位基本情况、应急组织机构及其职责、所面临危险的类型、应急响应优先顺序、事故后的恢复以及预案的更新维护等。应急预案可结合本单位具体情况编写。

基本情况及周围环境的内容可参照以下几项：

①生产区、生活区和辅助区的划分；

②主要原料、中间产品和产品；

③工艺流程和主要技术参数；

④产量、产值及人数等；

⑤主要安全设施及其分布；

⑥周围气象、气候、地理、地形、地貌及水文；

⑦周围人口分布；

⑧周围重要单位和设施；

⑨交通。

组织机构及其职责需要做到以下几点：

①明确应急反应组织机构，参加单位、人员及其作用与职责；

②明确应急反应总负责人，以及每一具体行动的负责人；

(8)善后组职责

妥善安置伤亡人员和接待伤亡人员的家属,按有关规定做好理赔工作。

(9)调查组职责

收集事故资料,掌握事故情况,查明事故原因,评估事故影响程度和损失,分清事故责任并提出相应处理意见,提出防止事故重复发生的意见和建议,写出应急处置报告并做好相关工作的移交。

(10)现场应急抢险领导小组职责

参照公司应急指挥中心的职责制定。

③列出本区域以外能提供援助的有关机构;

④明确政府和企业在应急行动中各自的职责。

4 预防与预警

4.1 危险源监控

根据当地气象台发布的气象信息和本地区气象及水文变化的特点,采取必要的预防措施。各单位应设立防范雷电灾害责任人,负责防雷安全工作,落实防雷设施的定期检测,雷雨后的检查和日常维护。对施工生产区和驻地周围的建筑物、给排水管路、电力线路、露天设备的避雷设施进行细致检查,特别是对处于高势的施工设备、电力设施、炸药库的避雷器材要重点检查,并对避雷设施的可靠性进行验证。应采用技术和质量均符合国家标准的防雷器材。

雷雨发生前(时)应立即切断除照明以外重要设备的电源;在室外作业的人应躲入建筑物内,切勿站立于山顶、楼顶上或其他接近导电性强的物体上,在旷野无法躲入有防雷设施的建筑物内时应远离树木和桅杆;不宜使用水龙头;切勿接触天线、水管、铁丝网、金属门窗及建筑物外墙,远离电线等带电设备或其他类似金属装置;减少使用电话和手提电话;不宜骑摩托车、自行车等。

4.2 预警行动

根据当地气象部门提供的雷雨气象预警信息,结合预警地区的自然条件,进行科学的分析,及时对可能受到雷击灾害威胁的相关地区作出灾情预警。按照现场处置方案及时应对,并通知有关部门、单位采取相应行动,以预防事故的发生。根据灾情预警,对可能造成严重人员伤亡和财产损失、大量人员需要紧急转移安置或生活救助的情况,及时作出必要的预警或向公司应急办公室提出相应的预警建议。事发单位和有关部门做好启动应急预案的准备。

危害辨识与风险评价的内容:

①确认可能发生的事故类型、地点;

②确定事故影响范围及可能影响的人数;

③划分事故严重程度;

④导致那些最严重事件发生的过程;

⑤对潜在事故的描绘;

⑥对泄漏物质数量的预测(有毒、易燃、爆炸);

⑦对泄漏物质扩散的计算(气体或蒸发液体);

⑧有害效应的评估(毒、热辐射、爆炸波);

⑨非严重事件可能导致严重事件的时间间隔;

⑩如果非严重事件被中止,其规模如何。

此外,还必须注意事件之间的联系以及每一事件的后果。

本预案在危险源监控的内容上显得略微简单。

对于报警和通信联络，内容应涉及以下几个方面：

①确定报警系统及程序；

②24小时的通告、报警方式，如电话、广播、网络及警报器等；

③确定24小时与政府主管部门的通信、联络方式，以便应急指挥与疏散居民；

④明确相互认可的通告、报警形式和内容；

⑤明确应急反应人员向外求援的方式；

⑥明确紧急通告及向公众报警的形式、内容、标准等；

⑦明确应急反应指挥中心怎样保证有关人员理解并对应急报警作出反应。

5　信息报告程序

①当险情发生时，现场值班人员立即组织危险区域施工人员安全撤离，并迅速报告应急领导小组，应急领导小组应迅速评估险情，判断是否启动现场处置方案，同时上报公司应急办公室，确定等级并上报属地应急指挥机构。

②现场报警方式采用警报器、喊话或其他方式来疏散人员，并采用电话向场外值班室报警。

③现场应急指挥中心应及时与地方政府、应急救援队伍、公安、消防、医院等相关部门取得联系，确保24小时联络畅通，联络方式采用电话、传真及电子邮件等。

④现场应急指挥中心通过上述联络方式向有关部门报警，报警内容主要是：雷击发生的时间、地点、背景，造成的损失（包括人员受灾情况、人员伤亡数量、雷击情况及造成的直接经济损失），已采取的处置措施和需要救助的内容。

⑤应急反应人员以电话向外进行求援。

6　应急处置

6.1　响应分级

二级雷击事故定义为一次可能导致死亡2人以下，直接影响施工或对环境造成影响，项目部、公司能自己处理的；一级雷击事故定义为一次可能导致死亡3人以上，直接导致施工中断或对环境造成严重影响，项目部不能完全自己处理，需上级部门、地方人民政府救援。

6.2　响应程序

项目应急领导小组获取雷击的险情报告后，迅速启动现场处置方案，同时报告公司应急指挥中心。公司应急指挥中心接到信息后上报公司应急指挥中心领导，立即对险情进行评估，根据险情评估结果确定应急响应等级并启动预案。

详细介绍具体的应急措施。

6.3　处置措施

1）二级应急行动

①发生雷击事故后，应急指挥领导小组启动雷击应急现场处置方案，抢险组将遇险人员迅速撤离危险地点。

②疏导组负责维护现场，将获救人员转至安全地带。

③救护组负责现场伤员的医疗抢救工作，根据伤员受伤程度做好转运工作。立即对抢救出的人员进行紧急处理，然后送往就近医院救治。

④保障组负责应急救援方案的制定，并保证应急处置的通

信、物资、设备和资金及时到位及后勤保障。

⑤善后组妥善安置伤亡人员和接待伤亡人员的家属，按有关规定做好理赔工作。

⑥调查组收集事故资料，掌握事故情况，查明事故原因，评估事故影响程度和损失，分清事故责任并提出相应处理意见，提出防止事故重复发生的意见和建议，写出应急处置报告。

⑦人员全部疏散后，停工观察。根据观察结果，进行灾后恢复。

2）一级应急行动

①雷击重大事故发生时，现场负责人立即组织现场作业人员安全撤离危险地带，并立即将灾情上报公司、上级应急指挥中心和属地应急救援组织机构；

②公司应急救援指挥部立即组织有关部门人员和专家赶赴现场，配合政府救援指挥机构做好救援工作。

3）雷击事故紧急救援注意事项

①保证救援人员自身的安全和防止次生事故发生；

②在就近安全地带紧急抢救受伤人员，必要时及时转送医院救治；

③抢救是紧急抢险的重点工作之一，必须在严密监测确保安全的情况下进行。

7　应急物资与装备保障

①项目部安全事故应急救援指挥部安排保障组负责组织项目部应急物资、装备的储备管理和应急处置时的调配；

②按照平战结合的原则，确定应急物资、设备机具及防护用品的品种、规格和标准，报送需求计划，由相关专业主管部门审核汇总后，根据物资、装备类别报送项目部应急指挥中心保障组，保障组对需求计划再进行审核并组织实施，确保应急所需物资、装备及时供应、补充和更新；

③各部门、各单位应根据公司专项应急预案的要求，对应急物资、装备的储备情况进行检查和核实。

8　××路项目部雷击现场处置方案

8.1　事故特征

①根据当地的气象信息，有雷雨天气时，容易发生雷击事故；

②事故主要发生在地势较高且防雷击设施较弱的施工区域；

③雷击事故主要发生在春、夏多雨季节，往往会造成人员伤亡、财产损失和环境危害。

对于应急物资和装备，所需说明的内容参考如下：

①下列应急设备的数量、型号、存放地点及获取方式：

a.急救设备；

b.个体防护设备；

c.通信设备；

d.检测设备；

e.消防设备；

f.维修工具；

g.应急物资等。

②下列应急机构能力和资源的描述：

a.安全生产监督管理部门；

b.公安、武警部门；

c.消防部门；

d.急救部门；

e.医疗卫生部门；

f.防疫部门；

g.环保部门；

h.水、电、气供应部门；

i.交通运输部门；

j.与有关机构签订的互援协议等。

8.2 应急组织与职责

现场雷击事故应急抢险领导小组组织机构及人员安排见附表(本书略)。

1)应急抢险领导小组组织机构

现场雷击事故应急抢险领导小组组织机构框图如图7.1所示。

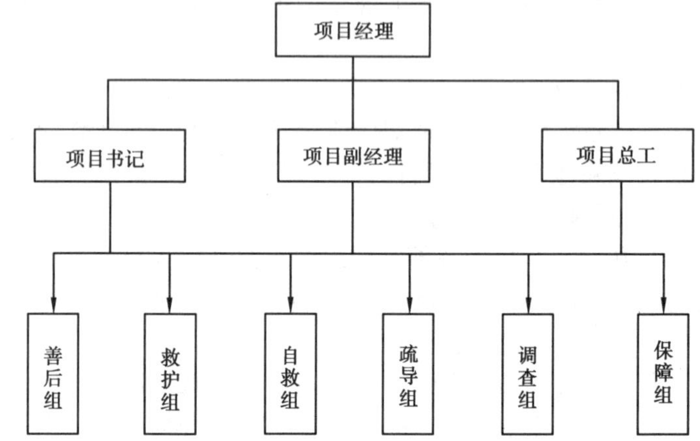

图7.1 现场雷击事故应急抢险领导小组组织机构

2)应急岗位职责

(1)组长职责

①执行国家、地方、行业、上级有关安全应急管理的法律法规、标准和应急预案；

②随时掌握项目现场事故情况；

③根据事故现场情况,启动并组织实施项目现场处置方案,向公司应急指挥部报告有关情况；

④确保应急资源配备投入到位,组织项目应急演练,指挥项目应急行动。

(2)副组长职责

①协助组长开展应急指挥工作,组长不在位时,代行其职责；

②组织编制现场处置方案,落实项目应急行动,组织搞好培训和演练；

③负责现场应急处置,根据险情发展,提出改进措施；

④组织落实现场善后恢复。

(3)抢险组职责

实施现场处置,将人员和设备迅速撤离危险地点；根据现场情况,适时调整并调集人员、设备和物资搜救被困人员。

(4)救护组职责

负责现场伤员的医疗抢救工作,根据伤员受伤程度做好转运工作。

(5)疏导组职责

维护现场,将获救人员转至安全地带;对危险区域进行有效的隔离。

(6)保障组职责

提供技术保障,并保证应急处置的通信畅通,物资、设备和资金及时到位及后勤供给。

本预案在附录中以列表的形式给出了重要物资装备的名录或清单。

(7)善后组职责

妥善安置伤亡人员和接待伤亡人员的家属,配合公司做好理赔工作。

(8)调查组职责

按要求提供事故情况和相关资料,参与评估事故影响程度和损失,提出防止事故重复发生的意见和建议;评估险情,判断是否启动现场处置方案。

8.3　应急处置

1)事故应急处置程序

当发生险情前,值班人员立即组织危险区域施工人员撤离,迅速报告应急抢险组长,抢险组长迅速上报公司应急办公室。

报警方式采用警报器、喊话或其他方式疏散人员,并采用电话向上级领导汇报。

当事故有扩大趋势时,应急抢险组长向公司应急救援指挥部申请启动应急预案,及时与地方政府、应急救援队伍、公安、消防及医院等相关部门取得联系,确保 24 小时联络畅通,联络方式采用电话、传真及电子邮件等。

现场应急抢险领导小组通过上述联络方式向有关部门报警,报警的内容主要包括雷击发生的时间、地点及背景,造成的损失(包括人员受灾情况、人员伤亡数量、雷击涌电情况及造成的直接经济损失),已采取的处置措施和需要救助的内容。

以流程图的形式使事故应急救援程序显得更加清晰、易懂。

2）事故应急救援程序

事故应急救援程序如图 7.2 所示。

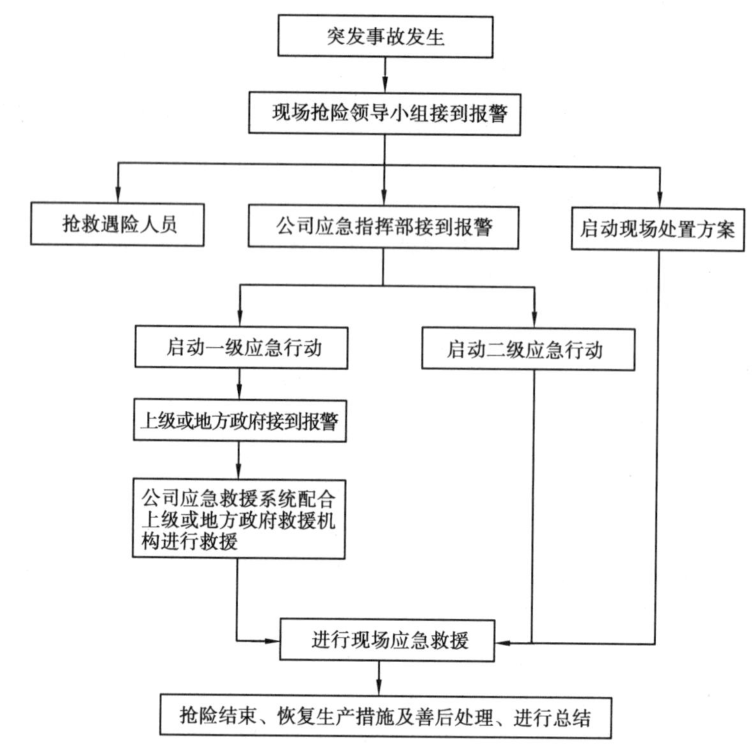

图 7.2　事故应急救援程序

3）现场应急处置措施

（1）出现事故征兆时的处置措施

现场负责人立即组织现场作业人员撤离危险地带，同时切断除照明以外的重要设施设备的电源。各单位应设立防范雷电灾害责任人，负责防雷安全工作，落实防雷设施的定期检测，雷雨后的检查和日常维护。对施工生产区和驻地周围的建筑物、给排水管路、电力线路、露天设备的避雷设施进行细致检查，特别是对处于高势的施工设备、电力设施、炸药库的避雷器材要重点检查，并对避雷设施的可靠性进行验证，应采用技术和质量均符合国家标准的防雷器材。

雷雨发生前（时）应立即切断除照明以外的重要设备的电源；在室外作业的人应躲入建筑物内，切勿站立于山顶、楼顶上或其他接近导电性强的物体上，在旷野无法躲入有防雷设施的建筑物内时应远离树木和桅杆；不宜使用水龙头；切勿接触天线、水管、铁丝网、金属门窗及建筑物外墙，远离电线等带电设备或其他类似金属装置；减少使用电话和手提电话；不宜骑摩托车、自行车等。

(2)事故发生后的处置措施

现场应急抢险领导小组启动雷击应急现场处置方案，抢险组将遇险人员迅速撤离危险地点；立即对抢救出的人员进行紧急处理，然后送往就近医院救治。

(3)有遇险人员时的处置措施

遇险人员要积极抢险，同时要想方设法通知救援人员自己所处的准确位置，以便得到及时救援。

在保证自身安全的前提下，携带相关救援机具、物资(根据储备物资装备确定)，对遇险人员进行抢救、搜救。

8.4　注意事项

①遇险人员救出后转至安全地带，及时进行人工呼吸并进行其他救助；

②险情发生至现场恢复期间，防止无关人员进入现场发生意外；

③救助人员要服从指挥，统一行动；

④及时将抢救、搜救进展情况报告现场应急抢险领导小组组长。

本预案没有对培训与演练、事故后的恢复程序等加以介绍，内容还不够完整。

9　附录(略)

附　录　高速公路应急预案编制常用法律法规和相关文件

附录Ⅰ　国家突发公共事件总体应急预案

1　总则

1.1　编制目的

提高政府保障公共安全和处置突发公共事件的能力，最大程度地预防和减少突发公共事件及其造成的损害，保障公众的生命财产安全，维护国家安全和社会稳定，促进经济社会全面、协调、可持续发展。

1.2　编制依据

依据宪法及有关法律、行政法规，制定本预案。

1.3　分类分级

本预案所称突发公共事件是指突然发生，造成或者可能造成重大人员伤亡、财产损失、生态环境破坏和严重社会危害，危及公共安全的紧急事件。

根据突发公共事件的发生过程、性质和机理，突发公共事件主要分为以下四类：

（1）自然灾害。主要包括水旱灾害、气象灾害、地震灾害、地质灾害、海洋灾害、生物灾害和森林草原火灾等。

（2）事故灾难。主要包括工矿商贸等企业的各类安全事故、交通运输事故、公共设施和设备事故、环境污染和生态破坏事件等。

（3）公共卫生事件。主要包括传染病疫情、群体性不明原因疾病、食品安全和职业危害、动物疫情，以及其他严重影响公众健康和生命安全的事件。

（4）社会安全事件。主要包括恐怖袭击事件、经济安全事件和涉外突发事件等。

各类突发公共事件按照其性质、严重程度、可控性和影响范围等因素，一般分为四级：Ⅰ级（特别重大）、Ⅱ级（重大）、Ⅲ级（较大）和Ⅳ级（一般）。

1.4　适用范围

本预案适用于涉及跨省级行政区划的，或超出事发地省级人民政府处置能力的特别重大突发公共事件应对工作。

本预案指导全国的突发公共事件应对工作。

1.5 工作原则

(1)以人为本,减少危害。切实履行政府的社会管理和公共服务职能,把保障公众健康和生命财产安全作为首要任务,最大程度地减少突发公共事件及其造成的人员伤亡和危害。

(2)居安思危,预防为主。高度重视公共安全工作,常抓不懈,防患于未然。增强忧患意识,坚持预防与应急相结合,常态与非常态相结合,做好应对突发公共事件的各项准备工作。

(3)统一领导,分级负责。在党中央、国务院的统一领导下,建立健全分类管理、分级负责,条块结合、属地管理为主的应急管理体制,在各级党委领导下,实行行政领导责任制,充分发挥专业应急指挥机构的作用。

(4)依法规范,加强管理。依据有关法律和行政法规,加强应急管理,维护公众的合法权益,使应对突发公共事件的工作规范化、制度化、法制化。

(5)快速反应,协同应对。加强以属地管理为主的应急处置队伍建设,建立联动协调制度,充分动员和发挥乡镇、社区、企事业单位、社会团体和志愿者队伍的作用,依靠公众力量,形成统一指挥、反应灵敏、功能齐全、协调有序、运转高效的应急管理机制。

(6)依靠科技,提高素质。加强公共安全科学研究和技术开发,采用先进的监测、预测、预警、预防和应急处置技术及设施,充分发挥专家队伍和专业人员的作用,提高应对突发公共事件的科技水平和指挥能力,避免发生次生、衍生事件;加强宣传和培训教育工作,提高公众自救、互救和应对各类突发公共事件的综合素质。

1.6 应急预案体系

全国突发公共事件应急预案体系包括:

(1)突发公共事件总体应急预案。总体应急预案是全国应急预案体系的总纲,是国务院应对特别重大突发公共事件的规范性文件。

(2)突发公共事件专项应急预案。专项应急预案主要是国务院及其有关部门为应对某一类型或某几种类型突发公共事件而制定的应急预案。

(3)突发公共事件部门应急预案。部门应急预案是国务院有关部门根据总体应急预案、专项应急预案和部门职责为应对突发公共事件制定的预案。

(4)突发公共事件地方应急预案。具体包括:省级人民政府的突发公共事件总体应急预案、专项应急预案和部门应急预案;各市(地)、县(市)人民政府及其基层政权组织的突发公共事件应急预案。上述预案在省级人民政府的领导下,按照分类管理、分级负责的原则,由地方人民政府及其有关部门分别制定。

(5)企事业单位根据有关法律法规制定的应急预案。

(6)举办大型会展和文化体育等重大活动,主办单位应当制定应急预案。

各类预案将根据实际情况变化不断补充、完善。

2 组织体系

2.1 领导机构

国务院是突发公共事件应急管理工作的最高行政领导机构。在国务院总理领导下，由国务院常务会议和国家相关突发公共事件应急指挥机构（以下简称相关应急指挥机构）负责突发公共事件的应急管理工作；必要时，派出国务院工作组指导有关工作。

2.2 办事机构

国务院办公厅设国务院应急管理办公室，履行值守应急、信息汇总和综合协调职责，发挥运转枢纽作用。

2.3 工作机构

国务院有关部门依据有关法律、行政法规和各自的职责，负责相关类别突发公共事件的应急管理工作。具体负责相关类别的突发公共事件专项和部门应急预案的起草与实施，贯彻落实国务院有关决定事项。

2.4 地方机构

地方各级人民政府是本行政区域突发公共事件应急管理工作的行政领导机构，负责本行政区域各类突发公共事件的应对工作。

2.5 专家组

国务院和各应急管理机构建立各类专业人才库，可以根据实际需要聘请有关专家组成专家组，为应急管理提供决策建议，必要时参加突发公共事件的应急处置工作。

3 运行机制

3.1 预测与预警

各地区、各部门要针对各种可能发生的突发公共事件，完善预测预警机制，建立预测预警系统，开展风险分析，做到早发现、早报告、早处置。

3.1.1 预警级别和发布

根据预测分析结果，对可能发生和可以预警的突发公共事件进行预警。预警级别依据突发公共事件可能造成的危害程度、紧急程度和发展势态，一般划分为四级：Ⅰ级（特别严重）、Ⅱ级（严重）、Ⅲ级（较重）和Ⅳ级（一般），依次用红色、橙色、黄色和蓝色表示。

预警信息包括突发公共事件的类别、预警级别、起始时间、可能影响范围、警示事项、应采取的措施和发布机关等。

预警信息的发布、调整和解除可通过广播、电视、报刊、通信、信息网络、警报器、宣传车或组织人员逐户通知等方式进行，对老、幼、病、残、孕等特殊人群以及学校等特殊场所和警报盲区应当采取有针对性的公告方式。

3.2 应急处置

3.2.1 信息报告

特别重大或者重大突发公共事件发生后，各地区、各部门要立即报告，最迟不得超过4小时,同时通报有关地区和部门。应急处置过程中,要及时续报有关情况。

3.2.2 先期处置

突发公共事件发生后,事发地的省级人民政府或者国务院有关部门在报告特别重大、重大突发公共事件信息的同时,要根据职责和规定的权限启动相关应急预案,及时、有效地进行处置,控制事态。

在境外发生涉及中国公民和机构的突发事件,我驻外使领馆、国务院有关部门和有关地方人民政府要采取措施控制事态发展,组织开展应急救援工作。

3.2.3 应急响应

对于先期处置未能有效控制事态的特别重大突发公共事件,要及时启动相关预案,由国务院相关应急指挥机构或国务院工作组统一指挥或指导有关地区、部门开展处置工作。

现场应急指挥机构负责现场的应急处置工作。

需要多个国务院相关部门共同参与处置的突发公共事件,由该类突发公共事件的业务主管部门牵头,其他部门予以协助。

3.2.4 应急结束

特别重大突发公共事件应急处置工作结束,或者相关危险因素消除后,现场应急指挥机构予以撤销。

3.3 恢复与重建

3.3.1 善后处置

要积极稳妥、深入细致地做好善后处置工作。对突发公共事件中的伤亡人员、应急处置工作人员,以及紧急调集、征用有关单位及个人的物资,要按照规定给予抚恤、补助或补偿,并提供心理及司法援助。有关部门要做好疫病防治和环境污染消除工作。保险监管机构督促有关保险机构及时做好有关单位和个人损失的理赔工作。

3.3.2 调查与评估

要对特别重大突发公共事件的起因、性质、影响、责任、经验教训和恢复重建等问题进行调查评估。

3.3.3 恢复重建

根据受灾地区恢复重建计划组织实施恢复重建工作。

3.4 信息发布

突发公共事件的信息发布应当及时、准确、客观、全面。事件发生的第一时间要向社会发布简要信息,随后发布初步核实情况、政府应对措施和公众防范措施等,并根据事件处置情况做好后续发布工作。

信息发布形式主要包括授权发布、散发新闻稿、组织报道、接受记者采访、举行新闻发布会等。

4 应急保障

各有关部门要按照职责分工和相关预案做好突发公共事件的应对工作,同时根据总体预案切实做好应对突发公共事件的人力、物力、财力、交通运输、医疗卫生及通信保障等工作，保证应急救援工作的需要和灾区群众的基本生活，以及恢复重建工作的顺利进行。

4.1　人力资源

公安（消防）、医疗卫生、地震救援、海上搜救、矿山救护、森林消防、防洪抢险、核与辐射、环境监控、危险化学品事故救援、铁路事故、民航事故、基础信息网络和重要信息系统事故处置，以及水、电、油、气等工程抢险救援队伍是应急救援的专业队伍和骨干力量。地方各级人民政府和有关部门、单位要加强应急救援队伍的业务培训和应急演练，建立联动协调机制，提高装备水平；动员社会团体、企事业单位以及志愿者等各种社会力量参与应急救援工作；增进国际间的交流与合作。要加强以乡镇和社区为单位的公众应急能力建设，发挥其在应对突发公共事件中的重要作用。

中国人民解放军和中国人民武装警察部队是处置突发公共事件的骨干和突击力量，按照有关规定参加应急处置工作。

4.2　财力保障

要保证所需突发公共事件应急准备和救援工作资金。对受突发公共事件影响较大的行业、企事业单位和个人要及时研究提出相应的补偿或救助政策。要对突发公共事件财政应急保障资金的使用和效果进行监管和评估。

鼓励自然人、法人或者其他组织（包括国际组织）按照《中华人民共和国公益事业捐赠法》等有关法律、法规的规定进行捐赠和援助。

4.3　物资保障

要建立健全应急物资监测网络、预警体系和应急物资生产、储备、调拨及紧急配送体系，完善应急工作程序，确保应急所需物资和生活用品的及时供应，并加强对物资储备的监督管理，及时予以补充和更新。

地方各级人民政府应根据有关法律、法规和应急预案的规定，做好物资储备工作。

4.4　基本生活保障

要做好受灾群众的基本生活保障工作，确保灾区群众有饭吃、有水喝、有衣穿、有住处、有病能得到及时医治。

4.5　医疗卫生保障

卫生部门负责组建医疗卫生应急专业技术队伍，根据需要及时赴现场开展医疗救治、疾病预防控制等卫生应急工作。及时为受灾地区提供药品、器械等卫生和医疗设备。必要时，组织动员红十字会等社会卫生力量参与医疗卫生救助工作。

4.6　交通运输保障

要保证紧急情况下应急交通工具的优先安排、优先调度、优先放行，确保运输安全畅通；要依法建立紧急情况社会交通运输工具的征用程序，确保抢险救灾物资和人员能够及时、安全送达。

根据应急处置需要，对现场及相关通道实行交通管制，开设应急救援“绿色通道”，保证应急救援工作的顺利开展。

4.7 治安维护

要加强对重点地区、重点场所、重点人群、重要物资和设备的安全保护，依法严厉打击违法犯罪活动。必要时，依法采取有效管制措施，控制事态，维护社会秩序。

4.8 人员防护

要指定或建立与人口密度、城市规模相适应的应急避险场所，完善紧急疏散管理办法和程序，明确各级责任人，确保在紧急情况下公众安全、有序地转移或疏散。

要采取必要的防护措施，严格按照程序开展应急救援工作，确保人员安全。

4.9 通信保障

建立健全应急通信、应急广播电视保障工作体系，完善公用通信网，建立有线和无线相结合、基础电信网络与机动通信系统相配套的应急通信系统，确保通信畅通。

4.10 公共设施

有关部门要按照职责分工，分别负责煤、电、油、气、水的供给，以及废水、废气、固体废弃物等有害物质的监测和处理。

4.11 科技支撑

要积极开展公共安全领域的科学研究；加大公共安全监测、预测、预警、预防和应急处置技术研发的投入，不断改进技术装备，建立健全公共安全应急技术平台，提高我国公共安全科技水平；注意发挥企业在公共安全领域的研发作用。

5 监督管理

5.1 预案演练

各地区、各部门要结合实际，有计划、有重点地组织有关部门对相关预案进行演练。

5.2 宣传和培训

宣传、教育、文化、广电、新闻出版等有关部门要通过图书、报刊、音像制品和电子出版物、广播、电视、网络等，广泛宣传应急法律法规和预防、避险、自救、互救、减灾等常识，增强公众的忧患意识、社会责任意识和自救、互救能力。各有关方面要有计划地对应急救援和管理人员进行培训，提高其专业技能。

5.3 责任与奖惩

突发公共事件应急处置工作实行责任追究制。

对突发公共事件应急管理工作中作出突出贡献的先进集体和个人要给予表彰和奖励。

对迟报、谎报、瞒报和漏报突发公共事件重要情况或者应急管理工作中有其他失职、渎职行为的，依法对有关责任人给予行政处分；构成犯罪的，依法追究刑事责任。

6 附则(预案管理)

根据实际情况的变化，及时修订本预案。

本预案自发布之日起实施。

附录Ⅱ　公路交通突发事件应急预案

中华人民共和国交通运输部

二〇一八年三月

1　总则

1.1　编制目的

为规范和加强公路交通突发事件的应急管理工作,指导、协调各地建立和完善应急预案体系,有效应对公路交通突发事件,及时保障、恢复公路交通正常运行,制定本预案。

1.2　编制依据

依据《中华人民共和国突发事件应对法》《中华人民共和国公路法》《公路安全保护条例》《突发事件应急预案管理办法》《国家突发公共事件总体应急预案》《交通运输突发事件应急管理规定》《交通运输部突发事件应急工作暂行规范》等相关规定。

1.3　事件分级

本预案所称公路交通突发事件,是指由于自然灾害、事故等原因引发,造成或者可能造成公路交通运行中断,需要及时进行抢修保通、恢复通行能力的,以及由于重要物资、人员运输特殊要求,需要提供公路应急通行保障的紧急事件。

公路交通突发事件按照性质类型、严重程度、可控性和影响范围等因素,分为四个等级:Ⅰ级(特别重大)、Ⅱ级(重大)、Ⅲ级(较大)和Ⅳ级(一般)。

(1)Ⅰ级事件。事态非常复杂,已经或可能造成特别重大人员伤亡、特别重大财产损失,需交通运输部组织协调系统内多方面力量和资源进行应急处置的公路交通突发事件。

(2)Ⅱ级事件。事态复杂,已经或可能造成重大人员伤亡、重大财产损失,需省级交通运输主管部门组织协调系统内多方面力量和资源进行应急处置的公路交通突发事件。

(3)Ⅲ级事件。事态较为复杂,已经或可能造成较大人员伤亡、较大财产损失,需市级交通运输主管部门组织协调系统内多方面力量和资源进行应急处置的公路交通突发事件。

(4)Ⅳ级事件。事态比较简单,已经或可能造成人员伤亡、财产损失,需县级交通运输主管部门组织协调系统内多方面力量和资源进行应急处置的公路交通突发事件。

自然灾害等对公路交通的影响尚不明确,而国家专项应急预案或相关主管部门已明确事件等级标准的,可参照执行。

省级交通运输主管部门可以结合本地区实际情况,对Ⅱ级、Ⅲ级和Ⅳ级公路交通突发事件分级情形进行细化补充。

1.4　适用范围

本预案适用于Ⅰ级公路交通突发事件的应对工作,以及需要由交通运输部指导、支持处置的Ⅰ级以下公路交通突发事件或者其他紧急事件的应对工作。

本预案指导地方公路交通突发事件应急预案的编制和地方交通运输主管部门对公路交通突发事件的应对工作。

1.5 工作原则

(1)依法应对,预防为主。公路交通突发事件应对要坚持以人民为中心的发展思想,严格按照国家相关法律法规要求,不断提高应急科技水平,增强预警预防、应急处置与保障能力,坚持预防与应急相结合,常态与非常态相结合,提高防范意识,做好预案演练、宣传和培训等各项保障工作。

(2)统一领导,分级负责。公路交通突发事件应对以属地管理为主,在人民政府的统一领导下,由交通运输主管部门牵头,结合各地公路管理体制,充分发挥公路管理机构的作用,建立健全责任明确、分级响应、条块结合、保障有力的应急管理体系。

(3)规范有序,协调联动。建立统一指挥、分工明确、反应灵敏、协调有序、运转高效的应急响应程序,加强与其他相关部门的协作,形成优势互补、资源共享的公路交通突发事件应急处置机制,提高应对突发事件的科学决策和指挥能力。

1.6 应急预案体系

(1)国家公路交通突发事件应急预案。交通运输部应对公路交通突发事件和指导地方公路交通突发事件应急预案编制的政策性文件,由交通运输部公布实施。

(2)地方公路交通突发事件应急预案。省、市、县级交通运输主管部门按照交通运输部制定的公路交通突发事件应急预案,在本级人民政府的领导和上级交通运输主管部门的指导下,为及时应对本行政区域内发生的公路交通突发事件而制定的应急预案,由地方交通运输主管部门公布实施。

(3)公路交通企事业单位突发事件应急预案。公路管理机构、公路交通企业等根据国家及地方公路交通突发事件应急预案的要求,结合自身实际,为及时应对可能发生的各类突发事件而制定的应急预案,由各公路交通企事业单位实施。

(4)应急预案操作手册。各级交通运输主管部门、公路交通企事业单位可根据有关应急预案要求,制定与应急预案相配套的工作程序文件。

2 组织体系及职责

公路交通应急组织体系由国家、省、市和县四级组成。

2.1 国家应急组织机构

交通运输部负责全国公路交通突发事件应急处置工作的协调、指导和监督。

2.1.1 应急领导小组

交通运输部在启动公路交通突发事件应急响应时,同步成立交通运输部应对××事件应急工作领导小组(以下简称“领导小组”)。领导小组是公路交通突发事件的指挥机构,由交通运输部部长或者经部长授权的分管部领导任组长,分管部领导、部总师或者公路局及办公厅、应急办主要负责人任副组长,交通运输部相关司局及路网监测与应急处置中心(以下简称“部路网中心”)负责人为成员。领导小组主要职责如下:

(1)负责组织协调公路交通突发事件的应急处置工作,发布指挥调度命令,并督促检查执行情况。

(2)根据国务院要求或者根据应急处置需要,成立现场工作组,并派往突发事件现场开展应急处置工作。

(3)根据需要,会同国务院有关部门,制定应对突发事件的联合行动方案,并监督实施。

(4)当突发事件由国务院统一指挥时,领导小组按照国务院的指令,执行相应的应急行动。

(5)决定公路交通突发事件应急响应终止。

(6)其他相关重大事项。

领导小组下设综合协调组、抢通保通组、运输保障组、新闻宣传组、通信保障组、后勤保障组等应急工作组。应急工作组由部相关司局和单位组成,在领导小组统一领导下具体承担应急处置工作,并在终止应急响应时宣布取消。应急工作组组成人员,由各应急工作组组长根据应急工作需要提出,报领导小组批准。视情成立专家组、现场工作组和灾情评估组,在领导小组统一协调下开展工作。

2.1.2　应急工作组

(1)综合协调组。由部应急办或办公厅负责人任组长,视情由部相关司局和单位人员组成。负责起草领导小组工作会议纪要、明传电报、重要报告、综合类文件,向中办信息综合室、国务院总值班室和相关部门报送信息,协助领导小组落实党中央和国务院领导同志以及部领导的有关要求,承办领导小组交办的其他工作。

(2)抢通保通组。由部公路局负责人任组长,视情由部相关司局和单位人员组成。负责组织协调公路抢修保通、跨省应急通行保障工作,组织协调跨省应急队伍调度和应急装备物资调配,拟定跨省公路绕行方案并组织实施,协调武警交通部队和社会力量参与公路抢通工作,拟定抢险救灾资金补助方案。

(3)运输保障组。由部运输服务司负责人任组长,视情由部相关司局和单位人员组成。负责组织协调人员、物资的应急运输保障工作,协调与其他运输方式的联运工作,拟定应急运输征用补偿资金补助方案。

(4)新闻宣传组。由部政策研究室负责人任组长,视情由部相关司局和单位人员组成。负责突发事件的新闻宣传工作。

(5)通信保障组。由部通信信息中心负责人任组长,部通信信息中心相关处室负责人任成员。负责应急处置过程中网络、视频、通信等保障工作。

(6)后勤保障组。由部机关服务中心负责人任组长,部机关服务中心相关处室人员任成员。负责应急响应期间24小时后勤服务保障工作;承办领导小组交办的其他工作。

2.1.3　专家组

专家组由领导小组在专家库中选择与事件处置有关的专家组成。负责对应急准备以及应急行动方案提供专业咨询和建议,根据需要参加公路交通突发事件的应急处置工作。

2.1.4　现场工作组

现场工作组由部公路局带队,相关司局和单位人员组成。现场工作组按照统一部署,在突发事件现场指导开展应急处置工作,并及时向领导小组报告现场有关情况。必要时,现场工作组可由部领导带队。

2.1.5　灾情评估组

灾情评估组由部总师任组长,根据需要由部相关司局和单位人员组成。负责组织灾后调查工作,指导拟定公路灾后恢复重建方案,对突发事件情况、应急处置措施、取得成效、存在的主要问题等进行总结和评估。

2.1.6　日常机构

部路网中心作为国家公路交通应急日常机构,在交通运输部领导下开展工作。

日常状态时,主要承担国家高速公路网、重要干线公路及特大桥梁、长大隧道的运行监测及有关信息的接收、分析、处理和发布,承担全国公路网运行监测、应急处置技术支持等相关政策、规章制度、标准规范的研究、起草工作,承担全国公路网运行监测、重大突发事件预警与应急处置等信息平台的管理和维护,组织公路交通应急培训,参与组织部省联合应急演练,承担应急咨询专家库的建设与管理,承担国家区域性公路交通应急装备物资储备运行管理有关工作等。

应急状态时,在领导小组统一领导下,主要承担全国公路网运行统筹调度、跨省公路绕行、应急抢修保通等事项的组织与协调的有关业务支撑工作,承担与地方公路交通相关机构的联络和全国公路交通突发事件应急信息的内部报送等。

2.2　地方应急组织机构

地方交通运输主管部门负责本行政区域内相应级别公路交通突发事件应急处置工作的组织、协调、指导和监督。

省、市、县级交通运输主管部门可参照国家应急组织机构组建模式,根据本地区实际情况成立应急组织机构,明确相关职责。

3　预防与预警

3.1　预警机制

各级交通运输主管部门应在日常工作中开展预警预防工作,重点做好对气象、国土等部门的预警信息以及公路交通突发事件相关信息的搜集、接收、整理和风险分析工作,完善预测预警联动机制,建立完善预测预警及出行信息发布系统。针对各种可能对公路交通运行产生影响的情况,按照相关程序转发或者联合发布预警信息,做好预防与应对准备工作,并及时向公众发布出行服务信息和提示信息。

3.2　预警信息收集

预警信息及出行服务信息来源包括:

(1)气象、地震、国土资源、水利、公安、安监等有关部门的监测和灾害预报预警信息以及国家重点或者紧急物资运输通行保障需求信息。

(2)各级交通运输主管部门及相关管理机构有关公路交通中断、阻塞的监测信息。

(3)其他需要交通运输主管部门提供应急保障的紧急事件信息。

信息收集内容包括预计发生事件的类型、出现的时间、地点、规模、可能引发的影响及发展趋势等。

3.3 预警信息发布

部路网中心接到可能引发重大公路交通突发事件的相关信息后,及时核实有关情况,确需发布预警信息的,报请公路局,转发预警信息或与气象部门联合发布重大公路气象预警,提示地方交通运输主管部门做好相应防范和准备工作。省级交通运输主管部门接到预警信息后,应当加强应急监测,及时向部路网中心报送路网运行信息,并研究确定应对方案。

地方各级交通运输主管部门或公路管理机构,可根据所在行政区域有关部门发布的预警信息,及其对公路交通影响情况,转发或联合发布预警信息。预警信息发布程序可结合当地实际确定。

3.4 防御响应

3.4.1 防御响应范围

防御响应是根据预警信息,在突发事件发生前采取的应对措施,是预警预防机制的重要内容。根据实际工作需要,本预案主要规定低温雨雪冰冻、强降水等天气下,部本级的防御响应工作。

3.4.2 防御响应程序

(1)部路网中心接到预计全国将出现大范围低温雨雪冰冻天气、区域性强降水,且对公路交通可能造成严重影响的信息时,及时核实有关情况,报部公路局、应急办。

(2)部公路局商部应急办公室提出启动防御响应建议。

(3)拟启动Ⅰ级防御响应的,经分管部领导同意,报请部长核准后启动;拟启动Ⅱ级防御响应的,经分管部领导同意后启动。启动防御响应时,同步成立领导小组,并将启动防御响应有关信息按规定报中办信息综合室、国务院总值班室,抄送应急协作部门,通知相关省级交通运输主管部门。有关信息需及时向社会公布。

(4)根据事件发展态势,防御响应可转入应急响应,按照应急响应程序处置。

(5)当预计的天气情况未对公路交通造成影响,或天气预警降低为蓝色(一般)级别或解除时,防御响应自动结束。

3.4.3 防御措施

由部领导组织召开会议,部相关司局负责人参加,立即部署防御响应工作,明确工作重点;指导地方各级交通运输主管部门和应急队伍做好装备、物资、人员等各项准备工作;做好和相关部门信息共享和协调联动工作。

部路网中心立即开展应急监测和预警信息专项报送工作,掌握并报告事态进展情况,根据领导小组要求增加报告频率,形成事件动态报告机制。

4 应急处置

4.1 分级响应

公路交通突发事件应急响应分为部、省、市、县四级部门响应。交通运输部应急响应分Ⅰ级和Ⅱ级，省、市、县级部门应急响应一般可分为Ⅰ级、Ⅱ级、Ⅲ级和Ⅳ级四个等级。

4.1.1 Ⅰ级公路交通突发事件分级响应

发生Ⅰ级公路交通突发事件时，由交通运输部启动并实施Ⅰ级应急响应，相关省、市、县级交通运输主管部门分别启动并实施本级部门Ⅰ级应急响应。

4.1.2 Ⅱ级公路交通突发事件分级响应

发生Ⅱ级公路交通突发事件时，由省级交通运输主管部门启动并实施省级部门应急响应，相关市、县级交通运输主管部门分别启动并实施本级部门应急响应且响应级别不应低于省级部门应急响应级别。

4.1.3 Ⅲ级公路交通突发事件分级响应

发生Ⅲ级公路交通突发事件时，由市级交通运输主管部门启动并实施市级部门应急响应，相关县级交通运输主管部门启动并实施县级部门应急响应且响应级别不应低于市级部门应急响应级别。

4.1.4 Ⅳ级公路交通突发事件分级响应

发生Ⅳ级公路交通突发事件时，由县级交通运输主管部门启动并实施县级部门应急响应。

4.1.5 专项响应

发生Ⅱ、Ⅲ、Ⅳ级公路交通突发事件时，按照国务院部署，或者根据省级交通运输主管部门请求，或者根据对省、市、县级部门应急响应工作的重点跟踪，交通运输部可视情启动Ⅱ级应急响应，指导、支持地方交通运输主管部门开展应急处置工作。

指导、支持措施主要包括：

(1)派出现场工作组或者有关专业技术人员给予指导。

(2)协调事发地周边省份交通运输主管部门、武警交通部队给予支持。

(3)调用国家区域性公路交通应急装备物资储备给予支持。

(4)在资金等方面给予支持。

4.2 响应启动程序

4.2.1 交通运输部应急响应启动程序

(1)部路网中心接到突发事件信息报告后，及时核实有关情况，报部公路局、应急办。

(2)由部公路局商应急办公室提出启动Ⅰ、Ⅱ级应急响应建议。

(3)拟启动Ⅰ级应急响应的，经分管部领导同意，报请部长核准后启动，同步成立领导小组，各应急工作组、部路网中心等按照职责开展应急工作，并将启动Ⅰ级应急响应有关信息按规定报中办信息综合室、国务院总值班室，抄送应急协作部门，通知相关省级交通运输主管部门。

(4)拟启动Ⅱ级应急响应的,经分管部领导同意后启动,同步成立领导小组,并按照需要成立相应应急工作组。领导小组组成人员报部长核准。

(5)Ⅱ级应急响应启动后,发现事态扩大并符合Ⅰ级应急响应条件的,按照前款规定及时启动Ⅰ级应急响应。

(6)应急响应启动后,应及时向社会公布。

4.2.2 省、市、县级部门应急响应启动程序

省、市、县级交通运输主管部门根据本地区实际情况,制定本级部门应急响应等级、响应措施及启动程序。省级交通运输主管部门启动Ⅲ级及以上公路交通突发事件应急响应的,应报部路网中心。

4.3 信息报告与处理

交通运输部按有关规定向中办信息综合室、国务院总值班室及时报送突发事件信息。

交通运输部和应急协作部门建立部际信息快速通报与联动响应机制,明确各相关部门的应急日常管理机构名称和联络方式,确定不同类别预警与应急信息的通报部门,建立信息快速沟通渠道,规定各类信息的通报与反馈时限,形成较为完善的突发事件信息快速沟通机制。

交通运输部和省级交通运输主管部门建立完善部省公路交通应急信息报送与联动机制,部路网中心汇总上报的公路交通突发事件信息,及时向可能受影响的省(区、市)发布。

交通运输部应急响应启动后,事件所涉及省份的相关机构应将应急处置工作进展情况及时报部路网中心,并按照“零报告”制度,形成定时情况简报,直到应急响应终止。具体报送程序、报送方式按照《交通运输突发事件信息报告和处理办法》《交通运输部公路交通阻断信息报送制度》等相关规定执行。部路网中心应及时将进展信息汇总形成每日公路交通突发事件情况简报,上报领导小组。省、市、县级部门应急响应的信息报送与处理,参照交通运输部应急响应执行。信息报告内容包括事件的类型、发生时间、地点、发生原因、影响范围和程度、发展势态、受损情况、已采取的应急处置措施和成效、联系人及联系方式等。

省级交通运输主管部门制定本地信息报送内容要求与处理流程。

4.4 响应终止

4.4.1 应急响应终止程序

(1)部路网中心根据掌握的事件信息,并向事发地省级交通运输主管部门核实公路交通基本恢复运行或者公路交通突发事件得到控制后,报领导小组。

(2)由抢通保通组商综合协调组提出终止Ⅰ、Ⅱ级应急响应建议和后续处理意见。

(3)拟终止Ⅰ级应急响应的,经领导小组组长同意后终止,或者降低为Ⅱ级应急响应,转入相应等级的应急响应工作程序,同步调整领导小组及下设工作组。

(4)拟终止Ⅱ级应急响应的,经领导小组组长同意后终止。

(5)终止应急响应或降低响应等级的有关信息,按规定报中办信息综合室、国务院总值班室,抄送应急协作部门,通知相关省级交通运输主管部门。

4.4.2 省、市、县级部门应急响应终止程序

省、市、县级交通运输主管部门根据本地区实际情况,制定本级部门应急响应终止程序。

4.5 总结评估

事发地交通运输主管部门应当按照有关要求,及时开展灾后总结评估工作,准确统计公路基础设施损毁情况,客观评估应急处置工作成效,深入总结存在问题和下一步改进措施,并按规定向本级人民政府和上级交通运输主管部门上报总结评估材料。交通运输部应急响应终止后,部公路局及时组织参与单位开展总结评估工作,并报部领导。

5 应急保障

5.1 队伍保障

各级交通运输主管部门按照“统一指挥、分级负责,平急结合、协调运转”的原则建立公路交通突发事件应急队伍。

5.1.1 国家公路交通应急队伍

武警交通部队纳入国家应急救援力量体系,作为国家公路交通应急抢险救援、抢通保通队伍,兵力调动使用按照有关规定执行。

5.1.2 地方公路交通应急队伍

地方交通运输主管部门应当根据路网规模、结构和易发突发事件特点,负责本地应急抢险救援、抢通保通队伍的组建和日常管理。应急队伍可以专兼结合,充分吸收社会力量参与。

5.1.3 社会力量动员与参与

地方交通运输主管部门应根据本地区实际情况和突发事件特点,制定社会动员方案,明确动员的范围、组织程序、决策程序。在公路交通自有应急力量不能满足应急处置需求时,向本级人民政府提出请求,动员社会力量或协调其他专业应急力量参与应急处置工作。

5.2 装备物资保障

5.2.1 公路交通应急装备物资储备原则

建立实物储备与商业储备相结合、生产能力储备与技术储备相结合、政府采购与政府补贴相结合的应急装备物资储备方式,强化应急装备物资储备能力。储备装备物资时,应统筹考虑交通战备物资储备情况。

5.2.2 公路交通应急装备物资储备体系

公路交通应急装备物资储备体系由国家、省、市三级公路交通应急装备物资储备中心(点)构成。

5.2.3　应急装备物资管理

公路交通应急装备物资储备中心(点)应当建立完善的各项应急物资管理规章制度,制定采购、储存、更新、调拨、回收各个工作环节的程序和规范,加强装备物资储备过程中的监管,防止储备装备物资被盗用、挪用、流失和失效,对各类物资及时予以补充和更新。

当本级应急装备物资储备在数量、种类及时间、地理条件等受限制的情况下,需要调用上一级应急装备物资储备中心(点)装备物资储备时,由上一级交通运输主管部门下达调用指令;需要调用国家区域性公路交通应急装备物资储备中心装备物资储备时,由交通运输部下达调用指令。

5.3　通信保障

在充分整合现有交通通信信息资源的基础上,加快建立和完善"统一管理、多网联动、快速响应、处理有效"的公路交通应急通信系统,确保公路交通突发事件应对工作的通信畅通。

5.4　技术保障

5.4.1　科技支撑

各级交通运输主管部门应当建立健全公路交通突发事件技术支撑体系,加强突发事件管理技术的开发和储备,重点加强智能化的应急指挥通信、预测预警、辅助决策、特种应急抢险等技术装备的应用,建立突发事件预警、分析、评估、决策支持系统,提高防范和处置公路交通突发事件的决策水平。

5.4.2　应急数据库

建立包括专家咨询、知识储备、应急预案、应急队伍与装备物资资源等数据库。

公路交通应急抢险保通和应急运输保障队伍,以及装备物资的数据资料应当定期更新。

公路数据库、农村公路数据库、交通移动应急通信指挥平台数据库、交通量调查数据库等交通运输各业务数据库应当为公路交通突发事件处置工作提供数据支持。在部启动防御响应或应急响应后,相关数据库维护管理单位应当为应急处置工作提供必要的技术支撑,并安排专职应急值班人员。

5.5　资金保障

公路交通应急保障所需的各项经费,应当按照事权、财权划分原则,分级负担,并按规定程序列入各级交通运输主管部门年度预算。

鼓励自然人、法人或者其他组织按照有关法律法规的规定进行捐赠和援助。

各级交通运输主管部门应当建立有效的监管和评估体系,对公路交通突发事件应急保障资金的使用及效果进行监管和评估。

5.6　应急演练

交通运输部会同有关单位制定部省联合应急演练计划并组织开展实地演练与模拟演练相结合的多形式应急演练活动。

地方交通运输主管部门要结合所辖区域实际，有计划、有重点地组织应急演练。地方公路交通突发事件应急演练至少每年进行一次，突发事件易发地应当经常组织开展应急演练。应急演练结束后，演练组织单位应当及时组织演练评估。鼓励委托第三方进行演练评估。

5.7　应急培训

各级交通运输主管部门应当将应急教育培训纳入日常管理工作，应急保障相关人员至少每 2 年接受一次培训，并依据培训记录，对应急人员实行动态管理。

5.8　责任与奖惩

对公路交通突发事件应对工作中做出突出贡献的先进集体和个人要及时地给予宣传、表彰和奖励。

对迟报、谎报、瞒报和漏报重要信息或者应急管理工作有其他失职、渎职行为的，按照有关规定处理。

6　附则

6.1　预案管理与更新

出现下列情形之一时，交通运输部将组织修改完善本预案，更新后报国务院：

(1)预案依据的有关法律、行政法规、规章、标准、上位预案中的有关规定发生变化的；

(2)公路交通突发事件应急机构及其职责发生重大变化或调整的；

(3)预案中的其他重要信息发生变化的；

(4)在突发事件实际应对和应急演练中发现问题需要进行重大调整的；

(5)预案制定单位认为应当修订的其他情况。

地方公路交通突发事件应急预案于印发后 20 个工作日内报本级人民政府和上级交通运输主管部门备案。公路交通企事业单位突发事件应急预案于印发后 20 个工作日内报所属地交通运输主管部门备案。

6.2　预案监督与检查

上级交通运输主管部门应根据职责，定期组织对下级交通运输主管部门、公路交通企事业单位应急预案编制与执行情况进行监督检查，并予以通报。

监督检查内容主要包括应急预案编制、组织机构及队伍建设、装备物资储备、信息报送与发布、应急培训与演练、应急资金落实、应急评估等情况。

6.3　预案制定与解释

本预案由交通运输部负责制定、组织实施和解释。

6.4　预案实施时间

本预案自印发之日起实施。

附录Ⅲ 生产安全事故应急预案管理办法

（2016年6月3日国家安全生产监督管理总局令第88号公布，根据2019年7月11日应急管理部令第2号《应急管理部关于修改〈生产安全事故应急预案管理办法〉的决定》修正）

第一章 总则

第一条 为规范生产安全事故应急预案管理工作，迅速有效处置生产安全事故，依据《中华人民共和国突发事件应对法》《中华人民共和国安全生产法》《生产安全事故应急条例》等法律、行政法规和《突发事件应急预案管理办法》（国办发〔2013〕101号），制定本办法。

第二条 生产安全事故应急预案（以下简称“应急预案”）的编制、评审、公布、备案、实施及监督管理工作，适用本办法。

第三条 应急预案的管理实行属地为主、分级负责、分类指导、综合协调、动态管理的原则。

第四条 应急管理部负责全国应急预案的综合协调管理工作。国务院其他负有安全生产监督管理职责的部门在各自职责范围内，负责相关行业、领域应急预案的管理工作。

县级以上地方各级人民政府应急管理部门负责本行政区域内应急预案的综合协调管理工作。县级以上地方各级人民政府其他负有安全生产监督管理职责的部门按照各自的职责负责有关行业、领域应急预案的管理工作。

第五条 生产经营单位主要负责人负责组织编制和实施本单位的应急预案，并对应急预案的真实性和实用性负责；各分管负责人应当按照职责分工落实应急预案规定的职责。

第六条 生产经营单位应急预案分为综合应急预案、专项应急预案和现场处置方案。

综合应急预案，是指生产经营单位为应对各种生产安全事故而制定的综合性工作方案，是本单位应对生产安全事故的总体工作程序、措施和应急预案体系的总纲。

专项应急预案，是指生产经营单位为应对某一种或者多种类型生产安全事故，或者针对重要生产设施、重大危险源、重大活动防止生产安全事故而制定的专项性工作方案。

现场处置方案，是指生产经营单位根据不同生产安全事故类型，针对具体场所、装置或者设施所制定的应急处置措施。

第二章 应急预案的编制

第七条 应急预案的编制应当遵循以人为本、依法依规、符合实际、注重实效的原则，以应急处置为核心，明确应急职责、规范应急程序、细化保障措施。

第八条 应急预案的编制应当符合下列基本要求：

（一）有关法律、法规、规章和标准的规定；

（二）本地区、本部门、本单位的安全生产实际情况；

（三）本地区、本部门、本单位的危险性分析情况；

（四）应急组织和人员的职责分工明确，并有具体的落实措施；

（五）有明确、具体的应急程序和处置措施，并与其应急能力相适应；

（六）有明确的应急保障措施，满足本地区、本部门、本单位的应急工作需要；

（七）应急预案基本要素齐全、完整，应急预案附件提供的信息准确；

（八）应急预案内容与相关应急预案相互衔接。

第九条 编制应急预案应当成立编制工作小组，由本单位有关负责人任组长，吸收与应急预案有关的职能部门和单位的人员，以及有现场处置经验的人员参加。

第十条 编制应急预案前，编制单位应当进行事故风险辨识、评估和应急资源调查。

事故风险辨识、评估，是指针对不同事故种类及特点，识别存在的危险危害因素，分析事故可能产生的直接后果以及次生、衍生后果，评估各种后果的危害程度和影响范围，提出防范和控制事故风险措施的过程。

应急资源调查，是指全面调查本地区、本单位第一时间可以调用的应急资源状况和合作区域内可以请求援助的应急资源状况，并结合事故风险辨识评估结论制定应急措施的过程。

第十一条 地方各级人民政府应急管理部门和其他负有安全生产监督管理职责的部门应当根据法律、法规、规章和同级人民政府以及上一级人民政府应急管理部门和其他负有安全生产监督管理职责的部门的应急预案，结合工作实际，组织编制相应的部门应急预案。

部门应急预案应当根据本地区、本部门的实际情况，明确信息报告、响应分级、指挥权移交、警戒疏散等内容。

第十二条 生产经营单位应当根据有关法律、法规、规章和相关标准，结合本单位组织管理体系、生产规模和可能发生的事故特点，与相关预案保持衔接，确立本单位的应急预案体系，编制相应的应急预案，并体现自救互救和先期处置等特点。

第十三条 生产经营单位风险种类多、可能发生多种类型事故的，应当组织编制综合应急预案。

综合应急预案应当规定应急组织机构及其职责、应急预案体系、事故风险描述、预警及信息报告、应急响应、保障措施、应急预案管理等内容。

第十四条 对于某一种或者多种类型的事故风险，生产经营单位可以编制相应的专项应急预案，或将专项应急预案并入综合应急预案。

专项应急预案应当规定应急指挥机构与职责、处置程序和措施等内容。

第十五条 对于危险性较大的场所、装置或者设施，生产经营单位应当编制现场处置方案。

现场处置方案应当规定应急工作职责、应急处置措施和注意事项等内容。

事故风险单一、危险性小的生产经营单位,可以只编制现场处置方案。

第十六条　生产经营单位应急预案应当包括向上级应急管理机构报告的内容、应急组织机构和人员的联系方式、应急物资储备清单等附件信息。附件信息发生变化时,应当及时更新,确保准确有效。

第十七条　生产经营单位组织应急预案编制过程中,应当根据法律、法规、规章的规定或者实际需要,征求相关应急救援队伍、公民、法人或者其他组织的意见。

第十八条　生产经营单位编制的各类应急预案之间应当相互衔接,并与相关人民政府及其部门、应急救援队伍和涉及的其他单位的应急预案相衔接。

第十九条　生产经营单位应当在编制应急预案的基础上,针对工作场所、岗位的特点,编制简明、实用、有效的应急处置卡。

应急处置卡应当规定重点岗位、人员的应急处置程序和措施,以及相关联络人员和联系方式,便于从业人员携带。

第三章　应急预案的评审、公布和备案

第二十条　地方各级人民政府应急管理部门应当组织有关专家对本部门编制的部门应急预案进行审定;必要时,可以召开听证会,听取社会有关方面的意见。

第二十一条　矿山、金属冶炼企业和易燃易爆物品、危险化学品的生产、经营(带储存设施的,下同)、储存、运输企业,以及使用危险化学品达到国家规定数量的化工企业、烟花爆竹生产、批发经营企业和中型规模以上的其他生产经营单位,应当对本单位编制的应急预案进行评审,并形成书面评审纪要。

前款规定以外的其他生产经营单位可以根据自身需要,对本单位编制的应急预案进行论证。

第二十二条　参加应急预案评审的人员应当包括有关安全生产及应急管理方面的专家。

评审人员与所评审应急预案的生产经营单位有利害关系的,应当回避。

第二十三条　应急预案的评审或者论证应当注重基本要素的完整性、组织体系的合理性、应急处置程序和措施的针对性、应急保障措施的可行性、应急预案的衔接性等内容。

第二十四条　生产经营单位的应急预案经评审或者论证后,由本单位主要负责人签署,向本单位从业人员公布,并及时发放到本单位有关部门、岗位和相关应急救援队伍。

事故风险可能影响周边其他单位、人员的,生产经营单位应当将有关事故风险的性质、影响范围和应急防范措施告知周边的其他单位和人员。

第二十五条　地方各级人民政府应急管理部门的应急预案,应当报同级人民政府备案,同时抄送上一级人民政府应急管理部门,并依法向社会公布。

地方各级人民政府其他负有安全生产监督管理职责的部门的应急预案,应当抄送

同级人民政府应急管理部门。

第二十六条　易燃易爆物品、危险化学品等危险物品的生产、经营、储存、运输单位,矿山、金属冶炼、城市轨道交通运营、建筑施工单位,以及宾馆、商场、娱乐场所、旅游景区等人员密集场所经营单位,应当在应急预案公布之日起20个工作日内,按照分级属地原则,向县级以上人民政府应急管理部门和其他负有安全生产监督管理职责的部门进行备案,并依法向社会公布。

前款所列单位属于中央企业的,其总部(上市公司)的应急预案,报国务院主管的负有安全生产监督管理职责的部门备案,并抄送应急管理部;其所属单位的应急预案报所在地的省、自治区、直辖市或者设区的市级人民政府主管的负有安全生产监督管理职责的部门备案,并抄送同级人民政府应急管理部门。

本条第一款所列单位不属于中央企业的,其中非煤矿山、金属冶炼和危险化学品生产、经营、储存、运输企业,以及使用危险化学品达到国家规定数量的化工企业、烟花爆竹生产、批发经营企业的应急预案,按照隶属关系报所在地县级以上地方人民政府应急管理部门备案;本款前述单位以外的其他生产经营单位应急预案的备案,由省、自治区、直辖市人民政府负有安全生产监督管理职责的部门确定。

油气输送管道运营单位的应急预案,除按照本条第一款、第二款的规定备案外,还应当抄送所经行政区域的县级人民政府应急管理部门。

海洋石油开采企业的应急预案,除按照本条第一款、第二款的规定备案外,还应当抄送所经行政区域的县级人民政府应急管理部门和海洋石油安全监管机构。

煤矿企业的应急预案除按照本条第一款、第二款的规定备案外,还应当抄送所在地的煤矿安全监察机构。

第二十七条　生产经营单位申报应急预案备案,应当提交下列材料:

(一)应急预案备案申报表;

(二)本办法第二十一条所列单位,应当提供应急预案评审意见;

(三)应急预案电子文档;

(四)风险评估结果和应急资源调查清单。

第二十八条　受理备案登记的负有安全生产监督管理职责的部门应当在5个工作日内对应急预案材料进行核对,材料齐全的,应当予以备案并出具应急预案备案登记表;材料不齐全的,不予备案并一次性告知需要补齐的材料。逾期不予备案又不说明理由的,视为已经备案。

对于实行安全生产许可的生产经营单位,已经进行应急预案备案的,在申请安全生产许可证时,可以不提供相应的应急预案,仅提供应急预案备案登记表。

第二十九条　各级人民政府负有安全生产监督管理职责的部门应当建立应急预案备案登记建档制度,指导、督促生产经营单位做好应急预案的备案登记工作。

第四章　应急预案的实施

第三十条　各级人民政府应急管理部门、各类生产经营单位应当采取多种形式开展应急预案的宣传教育，普及生产安全事故避险、自救和互救知识，提高从业人员和社会公众的安全意识与应急处置技能。

第三十一条　各级人民政府应急管理部门应当将本部门应急预案的培训纳入安全生产培训工作计划，并组织实施本行政区域内重点生产经营单位的应急预案培训工作。

生产经营单位应当组织开展本单位的应急预案、应急知识、自救互救和避险逃生技能的培训活动，使有关人员了解应急预案内容，熟悉应急职责、应急处置程序和措施。

应急培训的时间、地点、内容、师资、参加人员和考核结果等情况应当如实记入本单位的安全生产教育和培训档案。

第三十二条　各级人民政府应急管理部门应当至少每两年组织一次应急预案演练，提高本部门、本地区生产安全事故应急处置能力。

第三十三条　生产经营单位应当制定本单位的应急预案演练计划，根据本单位的事故风险特点，每年至少组织一次综合应急预案演练或者专项应急预案演练，每半年至少组织一次现场处置方案演练。

易燃易爆物品、危险化学品等危险物品的生产、经营、储存、运输单位，矿山、金属冶炼、城市轨道交通运营、建筑施工单位，以及宾馆、商场、娱乐场所、旅游景区等人员密集场所经营单位，应当至少每半年组织一次生产安全事故应急预案演练，并将演练情况报送所在地县级以上地方人民政府负有安全生产监督管理职责的部门。

县级以上地方人民政府负有安全生产监督管理职责的部门应当对本行政区域内前款规定的重点生产经营单位的生产安全事故应急救援预案演练进行抽查；发现演练不符合要求的，应当责令限期改正。

第三十四条　应急预案演练结束后，应急预案演练组织单位应当对应急预案演练效果进行评估，撰写应急预案演练评估报告，分析存在的问题，并对应急预案提出修订意见。

第三十五条　应急预案编制单位应当建立应急预案定期评估制度，对预案内容的针对性和实用性进行分析，并对应急预案是否需要修订作出结论。

矿山、金属冶炼、建筑施工企业和易燃易爆物品、危险化学品等危险物品的生产、经营、储存、运输企业、使用危险化学品达到国家规定数量的化工企业、烟花爆竹生产、批发经营企业和中型规模以上的其他生产经营单位，应当每三年进行一次应急预案评估。

应急预案评估可以邀请相关专业机构或者有关专家、有实际应急救援工作经验的人员参加，必要时可以委托安全生产技术服务机构实施。

第三十六条　有下列情形之一的，应急预案应当及时修订并归档：

（一）依据的法律、法规、规章、标准及上位预案中的有关规定发生重大变化的；

（二）应急指挥机构及其职责发生调整的；

（三）安全生产面临的风险发生重大变化的；

（四）重要应急资源发生重大变化的；

（五）在应急演练和事故应急救援中发现需要修订预案的重大问题的；

（六）编制单位认为应当修订的其他情况。

第三十七条　应急预案修订涉及组织指挥体系与职责、应急处置程序、主要处置措施、应急响应分级等内容变更的，修订工作应当参照本办法规定的应急预案编制程序进行，并按照有关应急预案报备程序重新备案。

第三十八条　生产经营单位应当按照应急预案的规定，落实应急指挥体系、应急救援队伍、应急物资及装备，建立应急物资、装备配备及其使用档案，并对应急物资、装备进行定期检测和维护，使其处于适用状态。

第三十九条　生产经营单位发生事故时，应当第一时间启动应急响应，组织有关力量进行救援，并按照规定将事故信息及应急响应启动情况报告事故发生地县级以上人民政府应急管理部门和其他负有安全生产监督管理职责的部门。

第四十条　生产安全事故应急处置和应急救援结束后，事故发生单位应当对应急预案实施情况进行总结评估。

第五章　监督管理

第四十一条　各级人民政府应急管理部门和煤矿安全监察机构应当将生产经营单位应急预案工作纳入年度监督检查计划，明确检查的重点内容和标准，并严格按照计划开展执法检查。

第四十二条　地方各级人民政府应急管理部门应当每年对应急预案的监督管理工作情况进行总结，并报上一级人民政府应急管理部门。

第四十三条　对于在应急预案管理工作中做出显著成绩的单位和人员，各级人民政府应急管理部门、生产经营单位可以给予表彰和奖励。

第六章　法律责任

第四十四条　生产经营单位有下列情形之一的，由县级以上人民政府应急管理等部门依照《中华人民共和国安全生产法》第九十四条的规定，责令限期改正，可以处5万元以下罚款；逾期未改正的，责令停产停业整顿，并处5万元以上10万元以下的罚款，对直接负责的主管人员和其他直接责任人员处1万元以上2万元以下的罚款：

（一）未按照规定编制应急预案的；

（二）未按照规定定期组织应急预案演练的。

第四十五条　生产经营单位有下列情形之一的，由县级以上人民政府应急管理部门责令限期改正，可以处1万元以上3万元以下的罚款：

（一）在应急预案编制前未按照规定开展风险辨识、评估和应急资源调查的；

（二）未按照规定开展应急预案评审的；

（三）事故风险可能影响周边单位、人员的，未将事故风险的性质、影响范围和应急防范措施告知周边单位和人员的；

（四）未按照规定开展应急预案评估的；

（五）未按照规定进行应急预案修订的；

（六）未落实应急预案规定的应急物资及装备的。

生产经营单位未按照规定进行应急预案备案的，由县级以上人民政府应急管理等部门依照职责责令限期改正；逾期未改正的，处 3 万元以上 5 万元以下的罚款，对直接负责的主管人员和其他直接责任人员处 1 万元以上 2 万元以下的罚款。

第七章　附则

第四十六条　《生产经营单位生产安全事故应急预案备案申报表》和《生产经营单位生产安全事故应急预案备案登记表》由应急管理部统一制定。

第四十七条　各省、自治区、直辖市应急管理部门可以依据本办法的规定，结合本地区实际制定实施细则。

第四十八条　对储存、使用易燃易爆物品、危险化学品等危险物品的科研机构、学校、医院等单位的安全事故应急预案的管理，参照本办法的有关规定执行。

第四十九条　本办法自 2016 年 7 月 1 日起施行。

附录Ⅳ 生产经营单位生产安全事故应急预案编制导则

1 范围

本标准规定了生产经营单位生产安全事故应急预案的编制程序、体系构成和综合应急预案、专项应急预案、现场处置方案的主要内容以及附件信息。

本标准适用于生产经营单位生产安全事故应急预案(以下简称“应急预案”)编制工作,核电厂、其他社会组织和单位的应急预案编制可参照本标准执行。

2 规范性引用文件

下列文件对于本文件的应用是必不可少的。凡是注日期的引用文件,仅注日期的版本适用于本文件。凡是不注日期的引用文件,其最新版本(包括所有的修改单)适用于本文件。

AQ/T 9007 生产安全事故应急演练基本规范

3 术语和定义

下列术语和定义适用于本文件。

3.1 应急预案 emergency response plan

针对可能发生的事故,为最大程度减少事故损害而预先制定的应急准备工作方案。

3.2 应急响应 emergency response

针对事故险情或事故,依据应急预案采取的应急行动。

3.3 应急演练 emergency exercise

针对可能发生的事故情景,依据应急预案模拟开展的应急活动。

3.4 应急预案评审 emergency response plan review

对新编制或修订的应急预案内容的适用性所开展的分析评估及审定过程。

4 应急预案编制程序

4.1 概述

生产经营单位应急预案编制程序包括成立应急预案编制工作组、资料收集、风险评估、应急资源调查、应急预案编制、桌面推演、应急预案评审和批准实施8个步骤。

4.2 成立应急预案编制工作组

结合本单位职能和分工,成立以单位有关负责人为组长,单位相关部门人员(如生产.技术、设备、安全、行政、人事、财务人员)参加的应急预案编制工作组,明确工作职责和任务分工,制订工作计划,组织开展应急预案编制工作。预案编制工作组中应邀请相关救援队伍以及周边相关企业、单位或社区代表参加。

4.3 资料收集

应急预案编制工作组应收集下列相关资料：

a)适用的法律法规、部门规章、地方性法规和政府规章，技术标准及规范性文件；

b)企业周边地质、地形、环境情况及气象、水文、交通资料；

c)企业现场功能区划分、建(构)筑物平面布置及安全距离资料；

d)企业工艺流程、工艺参数、作业条件、设备装置及风险评估资料；

e)本企业历史事故与隐患、国内外同行业事故资料；

f)属地政府及周边企业、单位应急预案。

4.4 风险评估

开展生产安全事故风险评估，撰写评估报告(编制大纲参见附录A)，其内容包括但不限于：

a)辨识生产经营单位存在的危险有害因素，确定可能发生的生产安全事故类别；

b)分析各种事故类别发生的可能性、危害后果和影响范围；

c)评估确定相应事故类别的风险等级。

4.5 应急资源调查

全面调查和客观分析本单位以及周边单位和政府部门可请求援助的应急资源状况，撰写应急资源调查报告(编制大纲参见附录B)，其内容包括但不限于：

a)本单位可调用的应急队伍、装备、物资、场所；

b)针对生产过程及存在的风险可采取的监测、监控、报警手段；

c)上级单位、当地政府及周边企业可提供的应急资源；

d)可协调使用的医疗、消防、专业抢险救援机构及其他社会化应急救援力量。

4.6 应急预案编制

4.6.1 应急预案编制应当遵循以人为本、依法依规、符合实际、注重实效的原则，以应急处置为核心，体现自救互救和先期处置的特点，做到职责明确、程序规范、措施科学，尽可能简明化、图表化、流程化。应急预案编制格式和要求参见附录C。

4.6.2 应急预案编制工作包括但不限下列：

a)依据事故风险评估及应急资源调查结果，结合本单位组织管理体系、生产规模及处置特点，合理确立本单位应急预案体系；

b)结合组织管理体系及部门业务职能划分，科学设定本单位应急组织机构及职责分工；

c)依据事故可能的危害程度和区域范围，结合应急处置权限及能力，清晰界定本单位的响应分级标准，制定相应层级的应急处置措施；

d)按照有关规定和要求，确定事故信息报告、响应分级与启动、指挥权移交、警戒疏散方面的内容，落实与相关部门和单位应急预案的衔接。

4.7 桌面推演

按照应急预案明确的职责分工和应急响应程序,结合有关经验教训,相关部门及其人员可采取桌面演练的形式,模拟生产安全事故应对过程,逐步分析讨论并形成记录,检验应急预案的可行性,并进一步完善应急预案。桌面演练的相关要求见 AQ/T 9007。

4.8 应急预案评审

4.8.1 评审形式

应急预案编制完成后,生产经营单位应按法律法规有关规定组织评审或论证。参加应急预案评审的人员可包括有关安全生产及应急管理方面的、有现场处置经验的专家。应急预案论证可通过推演的方式开展。

4.8.2 评审内容

应急预案评审内容主要包括:风险评估和应急资源调查的全面性、应急预案体系设计的针对性、应急组织体系的合理性、应急响应程序和措施的科学性、应急保障措施的可行性、应急预案的衔接性。

4.8.3 评审程序

应急预案评审程序包括下列步骤:

a)评审准备。成立应急预案评审工作组,落实参加评审的专家,将应急预案、编制说明、风险评估、应急资源调查报告及其他有关资料在评审前送达参加评审的单位或人员。

b)组织评审。评审采取会议审查形式,企业主要负责人参加会议,会议由参加评审的专家共同推选出的组长主持,按照议程组织评审;表决时,应有不少于出席会议专家人数的三分之二同意方为通过;评审会议应形成评审意见(经评审组组长签字),附参加评审会议的专家签字表。表决的投票情况应以书面材料记录在案,并作为评审意见的附件。

c)修改完善。生产经营单位应认真分析研究,按照评审意见对应急预案进行修订和完善。评审表决不通过的,生产经营单位应修改完善后按评审程序重新组织专家评审,生产经营单位应写出根据专家评审意见的修改情况说明,并经专家组组长签字确认。

4.9 批准实施

通过评审的应急预案,由生产经营单位主要负责人签发实施。

5 应急预案体系

5.1 概述

生产经营单位应急预案分为综合应急预案、专项应急预案和现场处置方案。生产经营单位应根据有关法律、法规和相关标准,结合本单位组织管理体系、生产规模和可能发生的事故特点,科学合理确立本单位的应急预案体系,并注意与其他类别应急预案相衔接。

5.2 综合应急预案

综合应急预案是生产经营单位为应对各种生产安全事故而制定的综合性工作方案,是本单位应对生产安全事故的总体工作程序、措施和应急预案体系的总纲。

5.3 专项应急预案

专项应急预案是生产经营单位为应对某一种或者多种类型生产安全事故,或者针对重要生产设施、重大危险源、重大活动防止生产安全事故而制定的专项工作方案。

专项应急预案与综合应急预案中的应急组织机构、应急响应程序相近时,可不编写专项应急预案,相应的应急处置措施并入综合应急预案。

5.4 现场处置方案

现场处置方案是生产经营单位根据不同生产安全事故类型,针对具体场所、装置或者设施所制定的应急处置措施。现场处置方案重点规范事故风险描述、应急工作职责、应急处置措施和注意事项,应体现自救互救、信息报告和先期处置的特点。

事故风险单一、危险性小的生产经营单位,可只编制现场处置方案。

6 综合应急预案内容

6.1 总则

6.1.1 适用范围

说明应急预案适用的范围。

6.1.2 响应分级

依据事故危害程度、影响范围和生产经营单位控制事态的能力,对事故应急响应进行分级,明确分级响应的基本原则。响应分级不必照搬事故分级。

6.2 应急组织机构及职责

明确应急组织形式(可用图示)及构成单位(部门)的应急处置职责。应急组织机构可设置相应的工作小组,各小组具体构成、职责分工及行动任务应以工作方案的形式作为附件。

6.3 应急响应

6.3.1 信息报告

6.3.1.1 信息接报

明确应急值守电话、事故信息接收、内部通报程序、方式和责任人,向上级主管部门、上级单位报告事故信息的流程、内容、时限和责任人,以及向本单位以外的有关部门或单位通报事故信息的方法、程序和责任人。

6.3.1.2 信息处置与研判

6.3.1.2.1 明确响应启动的程序和方式。根据事故性质、严重程度、影响范围和可控性,结合响应分级明确的条件,可由应急领导小组作出响应启动的决策并宣布,或者依据事故信息是否达到响应启动的条件自动启动。

6.3.1.2.2 若未达到响应启动条件，应急领导小组可作出预警启动的决策，做好响应准备，实时跟踪事态发展。

6.3.1.2.3 响应启动后，应注意跟踪事态发展，科学分析处置需求，及时调整响应级别，避免响应不足或过度响应。

6.3.2 预警

6.3.2.1 预警启动

明确预警信息发布渠道、方式和内容。

6.3.2.2 响应准备

明确作出预警启动后应开展的响应准备工作，包括队伍、物资、装备、后勤及通信。

6.3.2.3 预警解除

明确预警解除的基本条件、要求及责任人。

6.3.3 响应启动

确定响应级别，明确响应启动后的程序性工作，包括应急会议召开、信息上报、资源协调、信息公开、后勤及财力保障工作。

6.3.4 应急处置

明确事故现场的警戒疏散、人员搜救、医疗救治、现场监测、技术支持、工程抢险及环境保护方面的应急处置措施，并明确人员防护的要求。

6.3.5 应急支援

明确当事态无法控制情况下，向外部(救援)力量请求支援的程序及要求、联动程序及要求，以及外部(救援)力量到达后的指挥关系。

6.3.6 响应终止

明确响应终止的基本条件、要求和责任人。

6.4 后期处置

明确污染物处理、生产秩序恢复、人员安置方面的内容。

6.5 应急保障

6.5.1 通信与信息保障

明确应急保障的相关单位及人员通信联系方式和方法，以及备用方案和保障责任人。

6.5.2 应急队伍保障

明确相关的应急人力资源，包括专家、专兼职应急救援队伍及协议应急救援队伍。

6.5.3 物资装备保障

明确本单位的应急物资和装备的类型、数量、性能、存放位置、运输及使用条件、更新及补充时限、管理责任人及其联系方式，并建立台账。

6.5.4 其他保障

根据应急工作需求而确定的其他相关保障措施(如:能源保障、经费保障、交通运输保障、治安保障、技术保障、医疗保障及后勤保障)。

注:6.5.1~6.5.4 的相关内容,尽可能在应急预案的附件中体现。

7　专项应急预案内容

7.1　适用范围

说明专项应急预案适用的范围,以及与综合应急预案的关系。

7.2　应急组织机构及职责

明确应急组织形式(可用图示)及构成单位(部门)的应急处置职责。应急组织机构以及各成员单位或人员的具体职责。应急组织机构可以设置相应的应急工作小组,各小组具体构成、职责分工及行动任务建议以工作方案的形式作为附件。

7.3　响应启动

明确响应启动后的程序性工作,包括应急会议召开、信息上报、资源协调、信息公开、后勤及财力保障工作。

7.4　处置措施

针对可能发生的事故风险、危害程度和影响范围,明确应急处置指导原则,制定相应的应急处置措施。

7.5　应急保障

根据应急工作需求明确保障的内容。

注:专项应急预案包括但不限于 7.1~7.4 的内容。

8　现场处置方案内容

8.1　事故风险描述

简述事故风险评估的结果(可用列表的形式列在附件中)。

8.2　应急工作职责

明确应急组织分工和职责。

8.3　应急处置

包括但不限于下列内容:

a)应急处置程序。根据可能发生的事故及现场情况,明确事故报警、各项应急措施启动、应急救护人员的引导、事故扩大及同生产经营单位应急预案的衔接程序。

b)现场应急处置措施。针对可能发生的事故,从人员救护、工艺操作、事故控制、消防、现场恢复等方面制定明确的应急处置措施。

c)明确报警负责人以及报警电话及上级管理部门、相关应急救援单位联络方式和联系人员、事故报告基本要求和内容。

8.4　注意事项

包括人员防护和自救互救、装备使用、现场安全等方面的内容。

9　附件

9.1　生产经营单位概况

简要描述本单位地址、从业人数、隶属关系、主要原材料、主要产品、产量，以及重点岗位、重点区域、周边重大危险源、重要设施、目标、场所和周边布局情况。

9.2 风险评估的结果

简述本单位风险评估的结果。

9.3 预案体系与衔接

简述本单位应急预案体系构成和分级情况，明确与地方政府及其有关部门、其他相关单位应急预案的衔接关系（可用图示）。

9.4 应急物资装备的名录或清单

列出应急预案涉及的主要物资和装备名称、型号、性能、数量、存放地点、运输和使用条件、管理责任人和联系电话等。

9.5 有关应急部门、机构或人员的联系方式

列出应急工作中需要联系的部门、机构或人员及其多种联系方式。

9.6 格式化文本

列出信息接报、预案启动、信息发布等格式化文本。

9.7 关键的路线、标识和图纸

包括但不限于：

a)警报系统分布及覆盖范围；

b 重要防护目标、风险清单及分布图；

c)应急指挥部（现场指挥部）位置及救援队伍行动路线；

d)疏散路线、集结点、警戒范围、重要地点的标识；

e)相关平面布置、应急资源分布的图纸；

f)生产经营单位的地理位置图、周边关系图、附近交通图；

g)事故风险可能导致的影响范围图；

h)附近医院地理位置图及路线图。

9.8 有关协议或者备忘录

列出与相关应急救援部门签订的应急救援协议或备忘录。

附录 A
（资料性附录）
生产安全事故风险评估报告编制大纲

A.1 危险有害因素辨识

描述生产经营单位危险有害因素辨识的情况（可用列表形式表述）。

A.2 事故风险分析

描述生产经营单位事故风险的类型、事故发生的可能性、危害后果和影响范围（可用列表形式表述）。

A.3　事故风险评价

描述生产经营单位事故风险的类别及风险等级(可用列表形式表述)。

A.4　结论建议

得出生产经营单位应急预案体系建设的计划建议。

附录 B
(资料性附录)
生产安全事故应急资源调查报告编制大纲

B.1　单位内部应急资源

按照应急资源的分类,分别描述相关应急资源的基本现状、功能完善程度、受可能发生的事故的影响程度(可用列表形式表述)。

B.2　单位外部应急资源

描述本单位能够调查或掌握可用于参与事故处置的外部应急资源情况(可用列表形式表述)。

B.3　应急资源差距分析

依据风险评估结果得出本单位的应急资源需求,与本单位现有内外部应急资源对比,提出本单位内外部应急资源补充建议。

附录 C
(资料性附录)
应急预案编制格式和要求

C.1　封面

应急预案封面主要包括应急预案编号、应急预案版本号、生产经营单位名称、应急预案名称及颁布日期。

C.2　批准页

应急预案应经生产经营单位主要负责人批准方可发布。

C.3　目次

应急预案应设置目次,目次中所列的内容及次序如下:

a)批准页;

b)应急预案执行部门签署页;

c)章的编号、标题;

d)带有标题的条的编号、标题(需要时列出);

e)附件,用序号表明其顺序。

附录Ⅴ 生产经营单位生产安全事故应急预案评审指南（试行）的通知

国家安全监管总局办公厅关于印发生产经营单位生产安全事故应急预案评审指南（试行）的通知

安监总厅应急〔2009〕73号

各省、自治区、直辖市及新疆生产建设兵团安全生产监督管理局，各省级煤矿安全监察机构，各中央企业：

为贯彻实施《生产安全事故应急预案管理办法》（国家安全监管总局令第17号），规范应急预案评审工作，现将《生产经营单位生产安全事故应急预案评审指南（试行）》印发给你们，请参照执行。

国家安全生产监督管理总局办公厅
二〇〇九年四月二十九日

生产经营单位生产安全事故应急预案评审指南（试行）

为了贯彻实施《生产安全事故应急预案管理办法》（国家安全监管总局令第17号），指导生产经营单位做好生产安全事故应急预案（以下简称“应急预案”）评审工作，提高应急预案的科学性、针对性和实效性，依据《生产经营单位安全生产事故应急预案编制导则》（以下简称《导则》），编制本指南。

一、评审方法

应急预案评审采取形式评审和要素评审两种方法。形式评审主要用于应急预案备案时的评审，要素评审主要用于生产经营单位组织的应急预案评审工作。应急预案评审采用符合、基本符合、不符合三种意见进行判定。对于基本符合和不符合的项目，应给出具体修改意见或建议。

（一）形式评审。依据《导则》和有关行业规范，对应急预案的层次结构、内容格式、语言文字、附件项目以及编制程序等内容进行审查，重点审查应急预案的规范性和编制程序。应急预案形式评审的具体内容及要求，见附件1。

（二）要素评审。依据国家有关法律法规、《导则》和有关行业规范，从合法性、完整性、针对性、实用性、科学性、操作性和衔接性等方面对应急预案进行评审。为细化评审，采用列表方式分别对应急预案的要素进行评审。评审时，将应急预案的要素内容与评审表中所列要素的内容进行对照，判断是否符合有关要求，指出存在问题及不足。应急预案要素分为关键要素和一般要素。应急预案要素评审的具体内容及要求，见附件2、附件3、附件4、附件5。

关键要素是指应急预案构成要素中必须规范的内容。这些要素涉及生产经营单位日常应急管理及应急救援的关键环节，具体包括危险源辨识与风险分析、组织机构及职责、信息报告与处置和应急响应程序与处置技术等要素。关键要素必须符合生产经营单位实际和有关规定要求。

一般要素是指应急预案构成要素中可简写或省略的内容。这些要素不涉及生产经营单位日常应急管理及应急救援的关键环节，具体包括应急预案中的编制目的、编制依据、适用范围、工作原则、单位概况等要素。

二、评审程序

应急预案编制完成后，生产经营单位应在广泛征求意见的基础上，对应急预案进行评审。

（一）评审准备。成立应急预案评审工作组，落实参加评审的单位或人员，将应急预案及有关资料在评审前送达参加评审的单位或人员。

（二）组织评审。评审工作应由生产经营单位主要负责人或主管安全生产工作的负责人主持，参加应急预案评审人员应符合《生产安全事故应急预案管理办法》要求。生产经营规模小、人员少的单位，可以采取演练的方式对应急预案进行论证，必要时应邀请相关主管部门或安全管理人员参加。应急预案评审工作组讨论并提出会议评审意见。

（三）修订完善。生产经营单位应认真分析研究评审意见，按照评审意见对应急预案进行修订和完善。评审意见要求重新组织评审的，生产经营单位应组织有关部门对应急预案重新进行评审。

（四）批准印发。生产经营单位的应急预案经评审或论证，符合要求的，由生产经营单位主要负责人签发。

三、评审要点

应急预案评审应坚持实事求是的工作原则，结合生产经营单位工作实际，按照《导则》和有关行业规范，从以下七个方面进行评审。

（一）合法性。符合有关法律、法规、规章和标准，以及有关部门和上级单位规范性文件要求。

（二）完整性。具备《导则》所规定的各项要素。

（三）针对性。紧密结合本单位危险源辨识与风险分析。

（四）实用性。切合本单位工作实际，与生产安全事故应急处置能力相适应。

（五）科学性。组织体系、信息报送和处置方案等内容科学合理。

（六）操作性。应急响应程序和保障措施等内容切实可行。

（七）衔接性。综合、专项应急预案和现场处置方案形成体系，并与相关部门或单位应急预案相互衔接。

有关部门应急预案的评审工作可参照本指南。

附件：1.应急预案形式评审表

2.综合应急预案要素评审表

3.专项应急预案要素评审表

4.现场处置方案要素评审表

5.应急预案附件要素评审表

附件1　应急预案形式评审表

应急预案形式评审表

评审项目	评审内容及要求	评审意见
封面	应急预案版本号、应急预案名称、生产经营单位名称、发布日期等内容	
批准页	1.对应急预案实施提出具体要求； 2.发布单位主要负责人签字或单位盖章	
目录	1.页码标注准确(预案简单时目录可省略)； 2.层次清晰,编号和标题编排合理	
正文	1.文字通顺、语言精练、通俗易懂； 2.结构层次清晰,内容格式规范； 3.图表、文字清楚,编排合理(名称、顺序、大小等)； 4.无错别字,同类文字的字体、字号统一	
附件	1.附件项目齐全,编排有序合理； 2.多个附件应标明附件的对应序号； 3.需要时,附件可独立装订	
编制过程	1.成立应急预案编制工作组； 2.全面分析本单位危险因素,确定可能发生的事故类型及危害程度； 3.针对危险源和事故危害程度,制定相应的防范措施； 4.客观评价本单位应急能力,掌握可利用的社会应急资源情况； 5.制定相关专项预案和现场处置方案,建立应急预案体系； 6.充分征求相关部门和单位意见,并对意见及采纳情况进行记录； 7.必要时与相关专业应急救援单位签订应急救援协议； 8.应急预案经过评审或论证； 9.重新修订后评审的,一并注明	

附件2　综合应急预案要素评审表

综合应急预案要素评审表

评审项目		评审内容及要求	评审意见
总则	编制目的	目的明确，简明扼要	
	编制依据	1.引用的法规标准合法有效； 2.明确相衔接的上级预案，不得越级引用应急预案	
	应急预案体系*	1.能够清晰表述本单位及所属单位应急预案组成和衔接关系（推荐使用图表）； 2.能够覆盖本单位及所属单位可能发生的事故类型	
	应急工作原则	1.符合国家有关规定和要求； 2.结合本单位应急工作实际	
适用范围*		范围明确，适用的事故类型和响应级别合理	
危险性分析	生产经营单位概况	1.明确有关设施、装置、设备以及重要目标场所的布局等情况； 2.需要各方应急力量（包括外部应急力量）事先熟悉的有关基本情况和内容	
	危险源辨识与风险分析*	1.能够客观分析本单位存在的危险源及危险程度； 2.能够客观分析可能引发事故的诱因、影响范围及后果	
组织机构及职责*	应急组织体系	1.能够清晰描述本单位的应急组织体系（推荐使用图表）； 2.明确应急组织成员日常及应急状态下的工作职责	
	指挥机构及职责	1.清晰表述本单位应急指挥体系； 2.应急指挥部门职责明确； 3.各应急救援小组设置合理，应急工作明确	
预防与预警	危险源管理	1.明确技术性预防和管理措施； 2.明确相应的应急处置措施	
	预警行动	1.明确预警信息发布的方式、内容和流程； 2.预警级别与采取的预警措施科学合理	

续表

评审项目		评审内容及要求	评审意见
预防与预警	信息报告与处置*	1.明确本单位24小时应急值守电话; 2.明确本单位内部信息报告的方式、要求与处置流程; 3.明确事故信息上报的部门、通信方式和内容时限; 4.明确向事故相关单位通告、报警的方式和内容; 5.明确向有关单位发出请求支援的方式和内容; 6.明确与外界新闻舆论信息沟通的责任人以及具体方式	
应急响应	响应分级*	1.分级清晰,且与上级应急预案响应分级衔接; 2.能体现事故紧急和危害程度; 3.明确紧急情况下应急响应决策的原则	
	响应程序*	1.立足于控制事态发展,减少事故损失; 2.明确救援过程中各专项应急功能的实施程序; 3.明确扩大应急的基本条件及原则; 4.能辅以图表直观表述应急响应程序	
	应急结束	1.明确应急救援行动结束的条件和相关后续事宜; 2.明确发布应急终止命令的组织机构和程序; 3.明确事故应急救援结束后负责工作总结部门	
后期处置		1.明确事故发生后,污染物处理、生产恢复、善后赔偿等内容; 2.明确应急处置能力评估及应急预案的修订等要求	
保障措施*		1.明确相关单位或人员的通信方式,确保应急期间信息通畅; 2.明确应急装备、设施和器材及其存放位置清单,以及保证其有效性的措施; 3.明确各类应急资源,包括专业应急救援队伍、兼职应急队伍的组织机构以及联系方式; 4.明确应急工作经费保障方案	

续表

评审项目		评审内容及要求	评审意见
培训与演练*		1.明确本单位开展应急管理培训的计划和方式方法； 2.如果应急预案涉及周边社区和居民，应明确相应的应急宣传教育工作； 3.明确应急演练的方式、频次、范围、内容、组织、评估、总结等内容	
附　则	应急预案备案	1.明确本预案应报备的有关部门（上级主管部门及地方政府有关部门）和有关抄送单位； 2.符合国家关于预案备案的相关要求	
	制定与修订	1.明确负责制定与解释应急预案的部门； 2.明确应急预案修订的具体条件和时限	

注："＊"代表应急预案的关键要素。

附件3　专项应急预案要素评审表

专项应急预案要素评审表

评审项目		评审内容及要求	评审意见
事故类型和危险程度分析*		1.能够客观分析本单位存在的危险源及危险程度； 2.能够客观分析可能引发事故的诱因、影响范围及后果； 3.能够提出相应的事故预防和应急措施	
组织机构及职责*	应急组织体系	1.能够清晰描述本单位的应急组织体系（推荐使用图表）； 2.明确应急组织成员日常及应急状态下的工作职责	
	指挥机构及职责	1.清晰表述本单位应急指挥体系； 2.应急指挥部门职责明确； 3.各应急救援小组设置合理，应急工作明确	
预防与预警	危险源监控	1.明确危险源的监测监控方式、方法； 2.明确技术性预防和管理措施； 3.明确采取的应急处置措施	
	预警行动	1.明确预警信息发布的方式及流程； 2.预警级别与采取的预警措施科学合理	

续表

评审项目		评审内容及要求	评审意见
信息报告程序*		1.明确24小时应急值守电话； 2.明确本单位内部信息报告的方式、要求与处置流程； 3.明确事故信息上报的部门、通信方式和内容时限； 4.明确向事故相关单位通告、报警的方式和内容； 5.明确向有关单位发出请求支援的方式和内容	
应急响应*	响应分级	1.分级清晰合理，且与上级应急预案响应分级衔接； 2.能够体现事故紧急和危害程度； 3.明确紧急情况下应急响应决策的原则	
	响应程序	1.明确具体的应急响应程序和保障措施； 2.明确救援过程中各专项应急功能的实施程序； 3.明确扩大应急的基本条件及原则； 4.能够辅以图表直观表述应急响应程序	
	处置措施	1.针对事故种类制定相应的应急处置措施； 2.符合实际，科学合理； 3.程序清晰，简单易行	
应急物资与装备保障*		1.明确对应急救援所需的物资和装备的要求； 2.应急物资与装备保障符合单位实际，满足应急要求	

注：“*”代表应急预案的关键要素。如果专项应急预案作为综合应急预案的附件，综合应急预案已经明确的要素，专项应急预案可省略。

附件4 现场处置方案要素评审表

现场处置方案要素评审表

评审项目	评审内容及要求	评审意见
事故特征*	1.明确可能发生事故的类型和危险程度，清晰描述作业现场风险； 2.明确事故判断的基本征兆及条件	
应急组织及职责*	1.明确现场应急组织形式及人员； 2.应急职责与工作职责紧密结合	

续表

评审项目	评审内容及要求	评审意见
应急处置*	1.明确第一发现者进行事故初步判定的要点及报警时的必要信息； 2.明确报警、应急措施启动、应急救护人员引导、扩大应急等程序； 3.针对操作程序、工艺流程、现场处置、事故控制和人员救护等方面制定应急处置措施； 4.明确报警方式、报告单位、基本内容和有关要求	
注意事项	1.佩带个人防护器具方面的注意事项； 2.使用抢险救援器材方面的注意事项； 3.有关救援措施实施方面的注意事项； 4.现场自救与互救方面的注意事项； 5.现场应急处置能力确认方面的注意事项； 6.应急救援结束后续处置方面的注意事项； 7.其他需要特别警示方面的注意事项	

注：“＊”代表应急预案的关键要素。现场处置方案落实到岗位的每个人，可以只保留应急处置。

附件5　应急预案附件要素评审表

应急预案附件要素评审表

评审项目	评审内容及要求	评审意见
有关部门、机构或人员的联系方式	1.列出应急工作需要联系的部门、机构或人员至少两种以上联系方式，并保证准确有效； 2.列出所有参与应急指挥、协调人员姓名、所在部门、职务和联系电话，并保证准确有效	
重要物资装备名录或清单	1.以表格形式列出应急装备、设施和器材清单，清单应当包括种类、名称、数量以及存放位置、规格、性能、用途和用法等信息； 2.定期检查和维护应急装备，保证准确有效	
规范化格式文本	给出信息接报、处理、上报等规范化格式文本，要求规范、清晰、简洁	
关键的路线、标识和图纸	1.警报系统分布及覆盖范围； 2.重要防护目标一览表、分布图； 3.应急救援指挥位置及救援队伍行动路线； 4.疏散路线、重要地点等标志； 5.相关平面布置图纸、救援力量分布图等	
相关应急预案名录、协议或备忘录	列出与本应急预案相关的或相衔接的应急预案名称，以及与相关应急救援部门签订的应急支援协议或备忘录	

注：附件根据应急工作需要而设置，部分项目可省略。

参考文献

[1] P.F. Hartman, J.W. Huijben. Tunnel Ventilation and Safety in Escape Routes [J]. Tunnelling and Underground Space Technology, 2006,21(3-4):293-294.

[2] L.A. Brussaard, M.M.Kruiskamp and M.P.Oude Essink.The Dutch Model for the Quantitative Risk Analysis of Road Tunnels[EB/OL]. 2018.08.

[3] 王明贤,张莉莉,李俊.层次分析法在应急救援预案评价指标体系中的应用[J].矿业安全与环保,2008,35(6):86-88.

[4] 刘功智,刘铁民.重大事故应急预案编制指南[J].劳动保护,2004(4):11-18.

[5] 王明年,杨其新,郭春.高速公路隧道及隧道群防灾救援技术[M].北京:人民交通出版社,2010.

[6] 重庆高速公路集团有限公司.重庆高速公路突发事件总体应急预案[Z].2010 年 8 月.

[7] 重庆石渝高速公路有限公司,重庆渝黔高速公路有限公司.生产安全事故综合应急预案[Z].2020 年 3 月.

[8] 湖北省高速公路管理局.湖北省高速公路交通安全应急预案编制指南.2013 年 11 月.

[9] 交通运输部公路局,中交第一公路勘察设计研究院有限公司.公路工程技术标准:JTG B01—2014[S].北京:人民交通出版社股份有限公司,2014.

[10] 全国交通工程设施(公路)标准化技术委员会.高速公路隧道监控系统模式:GB/T 18567—2010[S].北京:中国标准出版社,2010.

[11] 招商局重庆交通科研设计院有限公司.公路隧道设计规范　第一册　土建工程:JTG 3370.1—2018[S].北京:人民交通出版社股份有限公司,2019.

[12] 招商局重庆交通科研设计院有限公司.公路隧道设计规范　第二册　交通工程与附属设施:JTG D70/2—2014[S].北京:人民交通出版社股份有限公司,2014.

[13] 张殿业.道路交通安全管理评价体系[M].北京:人民交通出版社,2005.

[14] 孙玉叶,夏登友.危险化学品事故应急救援与处置[M].北京:化学工业出版社,2008.
[15] 王自齐,赵金垣.化学事故与应急救援[M].北京:化学工业出版社,1997.
[16] 丁辉.突发事故应急与本地化防范[M].北京:化学工业出版社,2004.
[17] 周素梅,吕琳,赵锐.个体防护在应急救援中的作用[J].安全,2003,24(6):42-43.
[18] 北京市达飞安全科技开发有限公司.重特大事故应急救援预案编制实用指南[M].北京:煤炭工业出版社,2006.
[19] 樊运晓.应急救援预案编制实务——理论·实践·实例[M].北京:化学工业出版社,2009.
[20] 刘铁民.应急体系建设和应急预案编制[M].北京:企业管理出版社,2004.
[21] 罗云.风险分析与安全评价[M].3 版.北京:化学工业出版社,2016.
[22] 郭太生.灾难性事故与事件应急处置[M].北京:中国人民公安大学出版社,2006.
[23] 吴宗之,刘茂.重大事故应急救援系统及预案导论[M].北京:冶金工业出版社,2003.
[24] 李志宪,周心权,张劲峰.企业事故应急处理预案编制指南[J].劳动保护,2002(005).
[25] 吴宗之,刘茂.重大事故应急预案分级、分类体系及其基本内容[J].中国安全科学学报,2003,13(1):15-18.
[26] 筑龙网.建设工程应急预案编制指导与范例精选[M].北京:机械工业出版社,2009.